共老師

禪坐教室 *6*

HARMONY

附導引CD

沒有敵者

強化身心免疫力的修鍊法

◎作者── 洪啟嵩

沒有敵者,是從自心到生命、宇宙全體的和諧,從自心、呼吸、氣脈、身體乃至外境,發生最深沉的和諧。本書以全體生命和諧共生的觀點,提出人類面對SARS,乃至所有已知、未知病毒時的另一種思考,及有效提昇身體、心靈免疫力的修鍊方法、幫助讀者從心深透到身,乃至整個外境,得到完全光明和最圓滿的和諧。

CONTENTS
目錄

PART⋯⋯⋯❸
方法

出版緣起

在人類的生命發展史上，禪定是最精緻，也是最深奧的生命學問。透過坐禪，使人類在身體與心靈上，發展出最極緻、圓滿的境界。因此，把禪定視為人類生命發展上最光明的寶珠、最究竟的高峰，並作為人類精神文明的代表，可以說是最恰當的。

但是，在過去的經驗當中，禪定往往是投注無比身心精力，透過長期專注修持者的專利品，他們雖然獲得許多珍貴而圓滿的生命經驗，為人類生命開拓出光明的成果。但是，他們卻宛如人類生命中的貴族一般，擁有無比珍貴的生命發展的奧義及技術，往往無法普及於大眾，使人類的身心性命普及提昇，實在十分可惜。

因此，如果能讓禪定的智慧及技術，普及於人間，使每個人都能自在適意的學習正確而直捷的禪法，並獲得身心增上的果實，而使人類生命更加發展、昇華，並進化得更加圓滿，實在是這個時代的重要課題。

二十一世紀是充滿各種可能的時代，人類向上發展或向下沈淪，都充滿了未定之機。人類要使自己更加進化，或在生技世界中物化，甚至失掉人自身的認知，更是重要的關鍵時刻。因此，這是一個擘劃人類嶄新願景，與再次普遍昇華人類生命的新世紀，而坐禪正是這

一智慧、生命昇華的重要觸媒。

　　所以，這個禪坐教室，就是為了使過去人類偉大的生命貴族們所成就的身心境界，迅速而普遍的落實到所有的生命，使每個人的身心，都得到進化昇華而成立。

　　這個禪坐教室，可以說是為所有想增長昇華身心的人，所規畫的完整訓練課程。希望提供所有的人，從初級的靜坐，到專修禪法的完整修學指導與諮詢，讓所有希望學習的人，正確、迅速、翔實的學習靜坐，並獲得禪法改善身心的圓滿果實。

作者序

這是一首宇宙的詩
一首宇宙最和諧的詩篇
當自我完全消失時
沒有敵者
就成了這首最真實的宇宙民謠
從宇宙的邊陲
唱到宇宙的邊際
和諧成了最後的合音

是沒有敵者
讓自己從自心到宇宙
發出最深沉的和諧聲音
是與自心唱合
是與呼吸唱合
是與氣脈唱合
是與身體唱合
於是嗡…嗡…那美麗的合音
就唱向了每一個人、每一寸山河大地
就向地、水、火、風、空的宇宙和鳴
這是永遠和解的聲音

是永遠和諧的真心
是無我的唱合
用光明所交響演奏出的幸福清寧

　　沒有敵者，是從自心到生命、法界的和諧，從心、呼吸、氣脈、身體乃至外境，發生最深沉和諧。

　　當我們與自己的身體為敵的時候，身體的健康程度只有往下降；當我們與整個環境為敵的時候，我們跟整個環境，就會處在兩個相互對立的立場。如此，我們不只不能與環境相互融合、增加力量，反而相互的耗損。

　　更確切地說，當我們的心念與整個山河大地、宇宙萬物相對立時，我們的身心就是採取自我耗損的立場，將自我縮小的立場，影響所及是整個生命都受到了障礙。

　　SARS先生，在21世紀的前期造訪人間，強烈的衝擊了人類的身體與心靈。在人類史歷上，SARS算是一場小風暴，一場微型風暴。

　　人類在與大自然互動之中，經歷了種種的危機與轉機。在這些不可思議的重要因緣當中，我們總想以外在的手段去消除這些危機，但是否曾真誠的思惟，其實這些危殆的因緣當中，我們反省人類生命自身不足，而思予進步昇華，同時也調整我們的身與身心自身與他人及自身乃至人類與外在環境的關係與相應策略。

　　人類必須對自身生命增上與世界的發展，有偉大的願景。尤其是在面對危機的時候。

地球，人類的母親，在人類發展面臨抉擇的二十一世紀初始，慈悲的給人類一些提示與警訊，讓人類重新學會謙卑與如何發展更偉大的願景。地球母親的使者SARS，讓我們必須深層自省人類的不足。其實這不只是面對SARS病毒而已，而且是當我們在未來面對更強力的微生物，乃至人類發展挑戰時，我們所必須的反省與昇華。

　　在面對SARS時，我們是否反省到人類的不完美，乃至於提示出人類可再進化的因緣，這是本書的重點所在。

　　只有放下恐懼、防衛的心態，深刻的了知：只有全體生命的和諧，才是共生共榮的唯一出路。

　　讓我們放鬆敵對的心意，與 SARS 握手言和，從心、呼吸、氣脈、身體乃至 SARS（外境）完全放鬆，安住於光明，共同攜手，邁向生命的圓滿進化之旅！

作者序

PART·········①
觀點

人類與微生物

　　人類不該妄想消滅病毒，因為光是一個SARS患者身上病毒加起來的數量，就比全人類加總的數量還多得太多了！

　　SARS在人類進入二十一世紀的前期，引發了超級風暴，全球持續傳出的疫情，使人類的身體與心靈都受到極大的衝擊。而這鉅大的力量，是相應於人類的自大與無知所產生的。

　　人類近幾百年來的強勢發展，累積了人類發展的基礎，但是，越來越多新科技的產生，其背後強烈的因素是什麼呢？這是因為人類想要創造對自己有利的東西，而且用整個系統來保障自身的利益。

　　因此，人類與其他生命的相處，並沒有朝著一個和諧共生的方向來發展，反而是不斷的的擴張，卻不知這正是自取滅亡的開端。在這次的SARS風暴中，我們可

以從幾個面向來觀察
這個事實。

• 人類是自己最大的敵人

　　當 SARS 風暴剛
出現端倪時，不但世
界衛生組織輕忽了，
台灣社會所得到的訊
息也是相關單位一直
強調的「三零」—零
死亡、零社區感染
零境外移出，而使民
眾未能及早防患。

　　一直到國際衛生
組織（WHO）的烏爾
巴尼醫生應邀至越南
河內支援醫療此病
時，才極力向國際衛
生組織強調 SARS 具
有高度傳染性。而烏

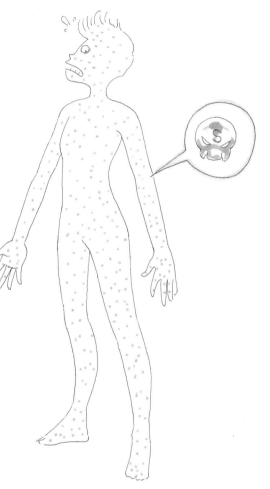

光是一個 SARS 患者身上的病毒數量，
就比全人類的人口多太多了！

爾巴尼醫生也不幸在治療病人的過程中被感染而殉職。

　　然而，人類總是如此輕忽又如此緊張，疫情開始擴大時，才發現我們對SARS竟一無所知。包括其感染來源、傳染途徑，甚至SARS到底是病毒還是細菌感染都不得而知，緊接著自大與無知而來的，是越來越多的恐懼與慌亂。

　　其實，SARS並不是特例，只是人類太容易遺忘過去的經驗。除了SARS疫情的爆發之外，回看人間近五十年間，也有幾次新興病毒出現，造成嚴重的疫情。例如：1976年在非洲薩伊北方所爆發的伊波拉出血熱（Ebola Virus），這種病毒會造成宿主急性發燒、帶血腹瀉、口鼻出血，乃至衰竭而死。

　　而1951年至1953年韓戰期間所爆發的「漢他出血熱」（Hanta virus），這種病毒和SARS病毒相同，是易突變、更換宿主頻仍的病毒。

　　而在美國九一一事件中廣為人知的炭疽熱，會使人出現咳嗽、高燒、胸痛，身體呈藍青色缺氧狀態，嚴重者導致喪命。諷刺的是，炭疽熱本來不該再對人類造成威脅，之所以疫情會爆發，是源於人類許多相敵對的國家，競相採集炭疽桿菌，研究發展生化武器，而造成炭

疽熱對人類仍存在著威脅。1979年4月，前蘇聯細菌武器基地的爆炸，使炭疽熱疫情爆發，造成1000人死亡，就是最明顯的例子。

　　當我們剛從SARS的風暴驚魂甫定時，往往很快就忘記過去的教訓，得意忘形的以為「人類征服了病菌」，但是，這種妄想往往很快的破滅。

　　專家不斷的提出警訊，除了SARS之外，將有更多的新興病毒出現。世界衛生組織（WHO）官員警告，

專家預言，繼SARS之後，還會有其他致命傳染病的大流行

繼 SARS 之後，必然還會爆發其他致命傳染病的大流行，包括流行性感冒，全球必須加強防疫措施。

WHO 傳染病防治部門主任海曼說：「未來還會有類似 SARS 的傳染病爆發，上世紀爆發三次的流行性感冒幾乎確定會再發生，還有我們不知道的其他疾病。」

• 病毒是本來就存在那裏

為什麼病毒會突然大舉「攻擊」人類呢？

其實，並非病毒入侵人類的領域，應後說病毒是一直存在那裏，只是人類誤闖其巢穴。縱觀歷史上幾次微生物與人類擦槍走火的激烈事件，探討其原因，人類自身往往是造成這種後果最主要的原因。

生物學家發現，由於人類不斷地擴張自身的生存空間，而從事阻斷自然環境的活動，如砍伐森林，增加農地等，均會提高致病微生物的移動性，也是許多新興病毒不斷出現的原因。

一九八〇年代，委內瑞拉的葡多吉沙省將大片森林闢成耕地，農民因此有地可耕，卻引來老鼠，疾病也跟著出現，一百多人因此感染 Guanarito 病毒，三分之一死亡。

病毒是一直存在那裏，
只是人類誤闖其領域

　　一九九九年馬來西亞也因人類與自然爭地，而發生
類似情況。政府讓森林後退，騰出土地給豬農使用，結
果卻讓食果蝙蝠無處居住，只有以屋椽棲身，牠們以立
百病毒汙染了豬隻的水源。

　　而愛滋病毒的疫情，數十年前，這種傳染只侷限於
小村鎮，它之所以會對人類造成重大威脅，則是道路、

城市、機場、社會傳統瓦解、血庫、針頭等因素所致。

SARS 只是再次提醒人類，這些病毒傳染「網絡」的威力。SARS 的來源有許多種說法，其中一說是源自廣東，與這些年來流行的新種禽流感來自同一地方。因豬、雞、鴨與人類同一地方居住，彼此相互傳染交換流行感冒病坊，豬隻可能同時潛藏人類與禽類的病毒。而雙重感染可能產生能對抗抗體的混種病毒。

病毒是本來就存在那裏，只是在各種條件具足之後，就隨著人類文明發展的網絡移動。

雖然人類一直妄想消滅病毒，事實上這在立場上是站不住腳的。

生物學家提出一種新觀點：各種新興病毒的出現，並非病毒跑出來，而是人類擾亂了病毒巢穴的結果。

新興病毒原本可能以棲息在熱帶地區森林的猴子、鼠類、蝙蝠等為自然寄主，一直到最近，森林深處都是密閉的，因此它們不會出現在我們面前。但是，人類為了擴大農地，以及確保木材的供應而大規模砍伐森林，代價便是使人類遭遇到原來封在森林深處的病毒。

原本新興病毒只會出現在幾個地區，但是目前靠著人類飛機等交通工具，同等將病毒快速運送到世界各地。

過去人類太過驕傲，以為醫療體系已經可以控制一切的疾病，但是在SARS發生之後，對這種病毒的無法掌握，使人類產生了極大的恐懼，也引起極大的混亂。

• 人類與微生物的深厚淵源

　　然而，微生物與人類的關係，並非只有這種緊張的對峙關係，其實還存在著另一種和諧的關係，甚至，我們體內的機能要正常運作，還得靠微生物的幫忙呢！

　　人類與微生物的關係本來就源源流長，我們腸道中有許多微生物的寄生，生產人體需要的養份，而人體皮膚上也有一些微生物寄生，他們

細菌和病毒不全是有害，
人體中也有許多益菌

對人體沒什麼壞處，也沒什麼好處，但是人體如果抽去了水份，剩下的重量中有十分之一是微生物。

而微生物使人類致病，可以說是寄生在人體內的微生物與人類沒有達成和諧共生的結果。

人類妄想消滅病毒，實在是沒什麼道理可言，微生物在地球上生活的時間已經三十五億年，人類的歷史僅僅其千分之一而已。然而，由於因緣變化，地球上人類的勢力迅速發展，使人類強勢的主導了整個世界的運作。這使得人類變得驕傲自大，誤以為自身是地球上的唯一生物。

如同《病菌現形》的作者所說：地球上生物物質裡百分之八十到九十都是由微生物所組成。我們只看到會使人類致病的微生物，卻不知道人類如果缺少了其中許多微生物，將會生病。

面對來勢洶洶的 SARS，人類本能地張起了刺，以為病毒彷彿是背負著消滅人類的使命而來。

然而，令人意外的是，事實並非如此，研究結果顯示，病毒和細菌造成宿主的死亡，大部份純屬意外。

一九五八年諾貝爾醫學獎主李德堡說：「細菌本來可以在許多個世代前就把人類徹底打敗，但假如宿主滅

當細菌面臨宿主死亡，它們同樣也沒有活路

絕，細菌也沒有出路，因此人類才能存活至今。」當我們發現病毒並非如此惡意，而是本能的防衛時，心中應該坦然許多，再看看它所釋放的種種和諧共生的訊息，我們是否能從自大的人類本位主義中醒覺，放下防衛武裝的心，構思與SARS共生共榮的藍圖？

• 微生物改寫人類的歷史

微生物，這種微小得只有在造成疾病時才會使人類注意到其存在的生命，在歷史學家的眼中，卻對人類歷史造成了重大的改變。

最著名的例子就是歐洲人征服美洲大陸時，微生物的重大影響。西班牙殖民者科爾特斯（Hernandndo Cortes）入侵南美，征服阿茲特克（Aztecs）帝國的事就是明顯的例子。

一五二〇年，殖民者入侵阿茲特克失利，不料殖民者從歐洲帶來的天花病毒，使印地安將領以及戰士多人染病身亡，結果全軍潰散，由勝轉敗。疾病就隨著歐洲人的足跡逐一在美洲部落傳播開來，在哥倫布踏上新大陸之前的美洲土著因之被消滅了 95 ％。

生物學家戴蒙（Jared Diamond）在暢銷的科普書《槍炮、病菌與鋼鐵》中說：「第二次世界大戰以前，在戰亂中蔓延的微生物比槍炮刀劍更恐怖，奪走的性命更多。」

他認為在過去的戰爭中，並非最傑出的將領和最卓越的武器就可以所向無敵，事實上，勝利者常常是這些把可怕的病菌傳播到敵人陣營的人。」

• 當優勢條件變成致命弱點

近五十年，人類的醫療科技的突飛猛進。在第二次世界大戰前後，由於疫苗及抗生素的發明，使得人類免於瘟疫和傳染病的肆虐，這是人類醫藥史上的一個重大突破。

接著生理學、藥理學、分子生物學的迅速發展，使得人類對疾病的機轉開始了解，也帶動了成千上萬種新藥的發明。加上移植醫學的進步，電腦斷層掃描儀（CT）、核磁共振儀（MRI）的發明，大幅提高了診斷的正確性和治療的效果。

在近五十年中，人類醫學知識和經驗的累積，遠遠超越了之前幾千年全世界醫療文明的總和，使人類的平均壽命從二次大戰前約四十多歲，延長了三十年，而達到今天的七十多歲的平均壽命。

然而，隨著這個輝煌的成就，也使得人類忘失了謙卑，變得自大而不知尊重其他的生命。

這種人類本位的意識，在文字語詞上顯露無遺，所謂的「益菌」、「害菌」的不同，都是以人類為主體來評斷微生物的分類。而所謂「病毒」，也是能使人類產生疾病的微生物歸類。

當人類以各種醫療技術來維護身心的健康、長壽時，隨著醫藥科技的突飛猛進，對古典傳染病帶來極大的衝擊。

　　然而，生命自然會尋找出路。

　　瀕臨滅絕的古典傳染病原，產生了戲劇性的變化——其藉著抗藥性新病原的絕處逢生，而對人類宿主造成嶄新的挑戰，再加上現代醫療制度的高度集中化，醫院內具有多重抗藥性的傳染病原，病毒就藉著熙來攘往的門診人潮，有效地擴散到社區中的一般人群。

　　在這次的SARS風暴中，我們可以看見，原來醫療機構是我們防護身心最有力的防線，最後卻成了散播傳染病的大本營。病毒把人類認為最安全的所在，變成了最有效傳播的地方。

　　而且病毒更以嶄新的面貌出現，使原來的抗體和特效藥不再靈光。人類原來引以為傲的優勢條件，一夕之間成為最大的弱點。如果我們無法善觀因緣環境的變化，誤以為優勢會永遠存在時，正埋下了風暴的種子。

　　面對一無所知的新病毒，人類充滿了恐懼、驚慌，甚至憤怒，急於消滅這種新病毒。

　　我們可能忘記了，SARS患者的一滴痰中，就有一

億個病毒，這也就是香港威爾斯親王醫院，以噴霧式療法治療SARS患者，使病毒在空中飛舞，造成嚴重院內感染的原因。

面對這個事實，人類長期以來希望徹底消滅細菌、病毒，恐怕是痴人說夢的妄想了！

或許，我們該感謝SARS先生高抬貴手，並未如同歷史上的幾次傳染病大流行，造成人類慘重的傷亡。

人類史上最嚴重的流行性感冒，在第一次世界大戰時，造成二千一百萬人的死亡，在一三四六年及一三五二年間爆發的黑死病，則造成全歐洲四分之一人口的消滅。

這次SARS的來訪，顯然已經收斂許多，並沒有在短時間內造成人類宿主的大量傷亡。

SARS先生之所以給我們更多時間，或許是希望能發展出與人類和諧共生的最佳模式。

２ 無知與本能

　　面對 SARS 的衝擊，無知加上恐懼，使生命被淺化，充滿憤怒與混亂的情緒，使人們不再去追求背後深度的意義。

　　在 21 世紀前期，SARS先生的來臨，對人類除了身體的衝擊之外，對現代人心靈也造成極大的振撼，因為現代的社會是一個承平的時代，大家並沒有準備好承受這樣的衝擊。

　　以台灣為例，台灣人是自由而無序的生命型態，因此遇到SARS的衝擊時，各種本能性的自衛、反擊，生命被淺化，無知的誇大，不去追求背後深層的意義，這種現象對人類的心靈造成極大的衝擊，完全表現出一種無知的誇大。

• 專業的無知與無知的專業

在台灣封院情形發生時，透過媒體，我們可以直接看到這個現象。恐懼、憤怒的醫護人員，強行越過封鎖線，並拉下口罩憤怒的破口大罵，這種本能的情緒反應，透過傳播媒體全天候的新聞報導，不斷重複的衝擊著我們的心靈。

在一般人的心目中，醫護人員只是一般行業，而是一種高尚的志業，他們的犧牲奉獻，讓無數的病者得以遠離病苦，就像烏爾巴醫生在 1999 年代表無國界醫生領取諾貝爾和平獎時所說的：「醫生的責任便是與病人在一起（stay close to the victims），確保他們的權利。」這種高貴的情操，也使我們對醫護人員比對一般人更多一份尊敬與期許。

加上醫護人員原來是防治SARS的第一線，但是當大家看見封院時混亂的情形時，更加慌亂恐懼。當醫護人員憤怒抗議地吼出：「醫護人員也是人！」的時候，表示他們已經自己摘下了醫者的桂冠，從眾人所尊敬的醫者角色，變成了憤怒、慌亂的普通人。他們可能沒有自覺到這句話所代表的意涵，正是生命被淺化，只是將情緒放肆的放大、誇大的後果。

我們再從智慧的層面來看，以台灣社會為例，在面對 SARS，我們完全可以用「無知」兩個字來涵蓋一切混亂的根源，而這種無知又可以分成「專業的無知」和「無知的專業」。

　　什麼是「專業的無知」？就是對專業知識的無知，也就是一般性的無知。我們可以從民眾不知道如何正確戴口罩，到醫護人員驚慌想要逃出醫院等現象，看到因為無知所產生的恐懼與緊張，而產生各種本能的自衛性反應，卻無法達到防護效果，甚至造成自身與他人更大的危險。

　　口罩是 SARS 最直接的防護工具，但是剛開始時，沒有人能告訴大家：什麼時機、什麼場合需要戴口罩，甚至戴口罩的正確方法、何種場合要用何種口罩？……諸如此類，在在都顯現了對專業知識的缺乏與無知。

　　其實，這種無知，是可以諒解的，我們可以看到歷史上，當人類遇到新興病毒時，尚未了解病毒的特性之前，在處理的方法上，從今日醫學突飛猛進的角度看起來，可能會認為當時的處理方式實在太荒謬了。

　　例如，十四世紀中葉，在現今義大利中部托斯卡尼一帶，爆發俗稱黑死病的鼠疫，當時官員下令大掃除和

掩埋屍體，生活習性不正常的人遭到驅逐，神職人員甚至認為疫情是道德敗壞引起，而也有人將矛頭指向猶太人，法國史特拉斯堡甚至有九百名猶太人被當局活活燒死。

十九世紀中葉，天花疫情重創美國西部印第安人區，部落因此被迫遷移到很遠的地方。而染病的印第安人則集中在加拿大西部的維多利亞島，他們後來又被驅離，但是卻未被隔離，結果把疾病散播到各自所居住的社區。

由此可知，許多防疫的知識與措施，也是歷經先人無數的嘗試與錯誤的修整之後，所累積的成果，是人類可貴的資產。所以，對新的事物無知是很平常的事，但如果用自以為掌控一切的心態，沒有謙卑、學習的心，則是造成日後慘痛後果的主要原因。

• 提昇心靈免疫力

在SARS疫情擴張時，社會的混亂與動蕩不安，使我們反省到身體的免疫力不足之外，也不得不正視我們的「心靈免疫力」是否足夠？

在這一次的SARS事件中，我們看到的是，大家太

緊張卻又太輕忽了，造成了許多混亂的情況。當 SARS 疫情剛開始發生時，包括國際衛生組織等相關當局太過輕忽這個事件，並未及時加以重視，直到疫情持續擴大，造成處理的緊張和混亂。其實，很多的失序源於緊張卻又不認真的去面對。當我們看到初期和平醫院封院時，有些憤怒的醫護人員拉下口罩大罵，雖然可以同情他們的心情，但我也要清楚的知道：這樣的行為是很危險的；雖然自己可以不怕死，卻不能使他人陷入險境。

當醫護人員顯現出慌張、憤怒、

無知造成恐懼、緊張，作出本能性的反應

混亂時，一方面是因為他們承受了極大的壓力，但同時也是因為沒有人可以正確告知他們如何防護自身。

種種對SARS的無知，造成恐懼和緊張，這種反應使人作出更多本能性的無知動作，例如拉下口罩叫罵，這種無知引發本能的反應，作出不理性的行為。

許多人看到醫護人員的情緒不滿感到失望。其實，藉此我們正可以觀察人類的心靈免疫能力是否需要更提昇？防護人類的心靈是否足以隨時接受各種可能的變化與挑戰？

如果在此時，能讓我們看清自身心靈的防禦系統是如此的脆弱，如此，SARS對人類而言，正是一個轉機。

• 驕慢造成無知的專業

相對於「專業的無知」，則是「無知的專業」，這是專業人士對自身所知的專業知識太過驕慢，而造成另一種「無知」的現象。

在過去，醫護人員讓我們誤以為，一切都在他們控制當中，而沒有讓我們知道：其實有些事情是醫護人員也不全然知道的，例如某種措施實際上的保護程度如何？而我們所獲得的訊息，是一切都在掌握中，沒問題。

然而，真的沒問題嗎？當然有問題！只是他們把自己的專業能力誇大了，而不能務實的看清自己尚未了解的部份，無法讓民眾保持適度的警覺，大家只看到原來專家說得很肯定的話，卻使現實一次又一次打破，而誤以為是新的狀況，這種不斷的「驚奇」，使得人心惶惶，不可終日。

然而，事實上這種現象是緣於專家太過誇大自己的能力，認為自己掌握了一切。

在這次的SARS風暴中，這種專業的無知，讓大家在初始時未能提高警覺，事後疫情越來越嚴重，又慌張的發佈消息。

因此民眾一旦發現連醫護人員其實也束手無策時，自然產生極大的恐慌。所以當時的混亂，可以說是「無知的專業」加上「專業的無知」所造成的結果。

面對 SARS，我們需要的是智慧，而非僅僅依靠專業。

在面對SARS來襲時許多混亂的現象，我們可能會感到失望，但不必絕望，我們要了解到，這種現象是一種無明的展現。在人、我之間，人類與病毒、大自然之間，人類應該更謙卑、更寬容的來面對。

• 慈悲的同理心

在這次SARS風暴中造成的強烈衝擊，事實上可以說是人類強烈自我保護的意識所造成的反作用力之顯現。如果我們能用慈悲的同理心，與SARS病患，甚至SARS互換立場，站在他們的立場上來看，就不會有如

在SARS風暴中，我們要有慈悲的同理心

一般人聽到 SARS 就驚慌失措，而由於過度的恐懼，對許多染患 SARS 者，或是被隔離者作出許多太過強烈而不適宜的舉動，例如當初某大樓的員工被隔離時，就有人拿著電風扇朝著他們猛吹，企圖想把病菌吹回去。

　　其實，如果我們能以同理心來互換角色，試想今天如果染病的或被隔離的是自己，這時別人這麼對我，我的感受如何？這樣想之後，我們對 SARS 患者和被隔離者就能採取一種比較合理而正確的態度。

　　這種態度對人類而言是很重要的，也是非常實際的，因為誰也不能保證自己不會染病。

　　過度的緊張和恐懼，不僅無法讓我們有效的防治 SARS，反而造成整個社會的動盪不安。這樣不僅不夠慈悲，更使人類彼此的關係產生極大的裂痕，更因為如此，讓人類不只受到病毒的侵害，更彼此相互傷害。

　　而當我們不幸染上 SARS 時，我們要如何面對自己得病的事實？SARS，其實是過度恐懼，而此時我們就比較能體諒一般人對染病者，以及和被隔離者那種過度恐懼和防衛的動作，並不是真的帶有那麼大的惡意，如此心中就會比較坦然，也比較不會感覺到那麼受傷。我

們會了解大家這樣的反應是很自然的，因為對SARS充滿了太多的未知而心生恐懼。

　　了解這點，我們對一般人合理正常的防護動作，就

安心隔離，能讓隔離者身心放鬆安住，增長免疫力

會比較釋懷，而不會感到受到排拒。例如對一個可能染病者和被隔離的親人或朋友，我們可能不能再像以前那樣與他握手或擁抱，甚至必須要和他保持距離。一個有同理心的人，比較能分別這種動作背後的心態有沒有惡意？是純粹中性，屬於正常的防護動作？還是過度恐懼，帶有防衛的反應？如果患者能了知，這是基於對彼此的保護所採取的必需措施，心中就會比較坦然，也會主動配合。

甚至有些患者，在得知自己染病之後，會特別交代家人要保持距離，做好防護動作，可見正常的防護動作本身是中性的，沒有任何的排拒和惡意。如此也會比較釋然，不會感到很沮喪，或感覺很受傷。

而一個被隔離者了解這個緣起，知道自己並非被孤立、排拒，如此也比較能安心隔離。能安心隔離是很重要的，這對一個被隔離者而言，是一個最好的狀況，惟有身心都能安心放鬆，這樣身心的免疫力才能增長，讓我們在 SARS 風暴中更容易安度。

而對一個病情日漸惡化的人而言，當他的心中坦然了，放下了，心中自然安住，也比較不會受到惡境所干擾，較能順利的往生善處或清淨國土。

3 向 SARS 發出和平的訊息

　　宇宙萬物，正以我們對待他們的心意，與我們相對
待，當我們發出和平光明的心念，他們就以相同的心意
回饋給我們。

正當SARS的疫情在中國大陸如火如荼的蔓延時，一片景氣蕭條，人心惶惶，北京人也苦中作樂的發掘「SARS的22種好」，其中第一個好就是：從小老師諄諄教誨勤洗手的好習慣，終於得以落實執行。此外，由於勤洗手的好習慣，春季流行的感冒、腸炎等常見的疾病反而減少了。

這聽起來雖然有些黑色幽默，卻也十分有道理。

SARS為人類帶來的是危機還是轉機？他到底是我們的敵人還是夥伴？或許這也取決於人類面對SARS的心態。

• 兒童 SARS 患者的啟示

在一般的觀念中，大多認為兒童的抵抗力比較弱，所以被感染之後，狀況應該比大人更嚴重，但是這次SARS病例的研究中，國際之間卻不約而同的出現一個有趣的現象：目前國際醫界普遍認為幼兒感染SARS病毒後，由於免疫系統尚未完全發育，抵抗力弱，所以症狀反而較不明顯，只出現類似一般感冒的症狀。

在香港威爾斯親王醫院與瑪嘉烈醫院的幼童和少年SARS病患都是被家人傳染，年齡在一歲半到十六歲半，

共二男八女大多在兩三天內退燒，平均廿一天出院。

另五名一歲半到七歲半的年幼感染者則只是發燒徵狀，痊癒較快，肺片在較短時間內即恢復正常，幼童病患的藥物治療反應也很好，而且都沒有發生治療後遺症。

在中國大陸也發現同樣的情形，北京醫院醫師及台北長庚兒童醫院不約而同表示，從臨床實驗顯示，感染SARS 的兒童與中壯年病患比較，兒童患者症狀比較輕微，而且恢復情況比中壯年病患快。

醫界指出，兒童 SARS 患者症狀比成人輕微且易恢復

長庚醫院曾發現同一感染SARS的家庭，兒童恢復的情況較家中的大人速度快，兒童發燒一兩天就退燒了。長庚胸腔科醫師也表示，在台灣感染 SARS 病患中，重症或是需要插管治療者，大都是中年人。

　　在台灣也有類似的個案：在台南某教養院發現疑似集體感染疫情，當時全院六十多位院生和老師，有一半以上出現SARS症狀，包括發燒、咳嗽，肺部X光出現病變，院方當時立刻通報。老師出院後儘管仍驗出病毒，但其他院童卻沒有再被感染，老師也未復發，這似乎代表教養院師生已經可以與病毒共存。

　　更耐人尋味的是，這家教養院自從發生SARS疫情之後，院內竟然未再有院童生病的情況，而且是連一般的小感冒都沒有，和以往三天兩頭就有孩子生病的現象大大不同。顯示SARS病毒極有可能抑制其他病毒，讓感染過的人不會再被其他病毒侵襲。

　　因此SARS也被懷疑有可能是病毒之王——即感染者痊癒之後可以百毒不侵，這些師生的血清樣本也將對製造疫苗有很大的啟發，因為這些人身上若仍有病毒，卻又可以與病毒和平共存，可以嘗試在減輕毒性後，做成保護效果最佳的疫苗。

有些細菌，過量就有毒性，但是在一定的範圍內，卻可以使身心產生抗體。這種訊息透露出一種希望——當SARS進入人類的身體，與人類和平共處之後，是不是可能變成身體中的益菌？

人類和病毒可以和平共處攜手共創未來

• 人類與細菌的和諧共生

　　就像一九五八年諾貝爾醫學獎得主李德堡所說的，人類應該與細菌尋求一種共生的關係，而非希望完全征服它以得到最後的勝利。面對瞬息萬變的未來，這種觀念的轉變，人類是越早做準備越好，這是人類身心昇華轉化的契機。

　　其實，類似的現象也發生在幾個我們所熟悉的疾病身上。如：麻疹、天花、水痘、百日咳、流行性腮腺炎，這些疾病一旦感染過一次，就能引發長期（通常是終生）的免疫力。這些病通常都會感染小孩，而被視為幼兒的疾病。

　　這類幼兒疾病不一定很嚴重，大多只要細心看護，通常都能康復。但是正值盛年的青年，通常比其他年齡層的人，更容易因這類疾病而死亡。

　　很多人以為，傳染病造成死亡，是由於細菌、病毒本身的毒性所致，但現今的研究卻指出，這種結果泰半是由於人類的免疫系統反應過度激烈所導致，造成兩敗俱傷的下場──宿主迅速死亡，病毒和細菌也失去寄生的所在。

　　這種兩敗俱傷的結果，是病毒本身也極不願看到

人類應尋求與細菌和諧共生的關係

的。因此，有時它們也會調整自己的腳步，使自己的毒
性減弱，不致於太快造成宿主死亡，延長寄生的時間，
以便更長期的繁衍和傳播。和宿主尋求和平共生的模
式，甚至幫助宿主抵抗其他病菌。

• 免疫系統反應過度為 SARS 患者死亡的主因

以SARS為例，有人戲稱SARS病毒「借刀殺人」，世界衛生組織的專家指出，SARS病毒會利用病人免疫系統的過度反應「借刀殺人」，使病人的免疫系統就像美伊戰爭中的美軍，頻頻「誤傷友軍」。

而根據香港地區所提供的醫療資料，過度的免疫反應應該是導致SARS患者死亡的決定性因素。

世界衛生組織（WHO）SARS疫情首席科學家Klaus Stohr在4月末發表的一份簡報中說，SARS感染者在第一個星期時，病毒會在上呼吸道大量的複製，進而造成患者高燒與乾咳。到了第二個星期，臨床上可以發現免疫系統發生過度反應（over-reaction），大約有20％的患者因此導致非常嚴重的病情。

SARS病毒侵入人體後，開始破壞器官正常的組織細胞。人體免疫體系發現外來的病毒，就開始緊急運作，產生大量的抗體。在正常的情況下，如果人體自身的抗體能夠有效地與病毒抗原結合，就可以引導白細胞將病毒殺死，患者症狀就會逐漸減輕，直到痊癒。這也是普通感冒通常可以不治而癒的原因。

然而對於人體從未見過的SARS病毒，抗體卻無法

與病毒抗原有效結合，反而轉向擊其他的正常體細胞。
SARS 患者免疫系統過度反應，破壞肺頁末端的微小肺
泡，使組成肺泡結構的細胞壞死，SARS 病患的免疫反
應在感染後形成，但是後來的發展卻失去控制。

　　感染後患者體內免疫系統高度緊張，釋放出各種物
質，不僅殺死了被病毒感染的細胞，連周圍的組織也都
遭受攻擊。免疫系統產生的抗體在與SARS病毒激烈作
戰過程中，對正常的器官組織也造成大量的損害。

有些病毒會利用病人免疫系統過度反應來「借刀殺人」

相較之下，兒童免疫能力尚發展完全，反而成為一種優勢，不會造成過度激烈的反應，容易和病毒建立和諧的長期共生關係。

SARS 的這種特質，也就是為什麼專家呼籲大家要「調節」免疫力，而不能一味提高免疫力。中醫裏也有類似的看法，例如有感冒的症狀時就不適合進補；因為補品雖然能增強病人的體力，同時也會增長病毒的力量，所以要調節免疫力，產生最和諧的互動。

當我們越了解SARS的特性，我們會發現在這場風暴中，SARS 與人類似乎並非敵對的關係，而是極有可能建立和諧共生的關係。

當我們解開了 SARS 的密碼，心中應該會坦然許多，放下恐懼與防衛的心，朝向另一種共生共榮的觀點來思惟。

讓我們向SARS發出和平的訊息，邀請它一起來圓成生命的進化之旅！

讓我們向 SARS 發出和平的訊息，
邀請他們一起來圓成生命的進化之旅！

4 以 SARS 為師

經由SARS事件，讓我們了解到自己的身心不夠完美，同時整個人類社會的身心必須同時提昇，才能面對未來更大的挑戰。

從深層的思惟來看SARS，我們可以發現這是一個危機，但也是人類身心進化的契機。它在二十一世紀前期進入人類社會，到底要告訴人類什麼？

SARS對人類的身體、心靈產生強烈的衝擊，這讓我們重新思考：自己的身心是不是不夠完備？不只是台灣，而是整個人類社會身心要同時提昇，才是正途。

病毒在自然界是早就存在的，以後我們還是會有機會遇到其他的病毒，SARS讓我們瞭解自己的身心不夠完美，而有向上提升的可能。

SARS的來訪，強烈的衝擊了人類的身體與心靈。這也讓我們得以重新審視目前人類的身心條件，是否足

以面對日漸惡化的生態環境？是否有足夠的心靈免疫力足以面對鉅變的衝擊？

在這次SARS先生突如其來的考試中，我們看到了習於承平時代，面對突發的衝擊時恐懼、慌亂與憤怒的生命，我們看到了人類的自大與無知；沒有謹慎的回應，使得初始情勢的鬆懈誤判，而造成疫情擴大。

然而，如果我們能在這次的衝擊中，反觀自照，真誠審視自己的身心，發起一切生命共生共榮、圓滿成就的心願，那麼SARS對人類而言，不啻是地球母親對人類的暮鼓晨鐘，一場震撼的警示與教訓。

• 與 SARS 攜手邁向未來

從病毒和細菌的立場來看，我們很難找到SARS要殺死人類的理由，相反的，它們希望和宿主之間建立一個和諧共生關係。

細菌、病毒和人類合力抵抗其他病菌侵擾的例子，在歷史上經常可見。

最明顯的例子就是疫苗的發明。

在牛痘發明之前，天花在歐洲是致命的傳染病。18世紀英國醫生金納（Edward Jenner）為了拯救患天花的

少年，便將牛痘接種到少年手腕，他認為「擠牛奶的女性絕大多數都由牛傳染牛痘，雖然手會長痘膿，但痊癒之後並不會感染天花。

這個現象使金納博士產生靈感，而認為感染引起牛痘的病毒或許可以產生對天花的抵抗力。

金納的研究給 19 世紀的微生物學家巴斯德（Louis Pasteur）很大的啟示。」巴斯德得到了金納的啟發，開發出狂犬病毒等疫苗來。

而在近代癌細胞治療的研究上，也出現了將癌細胞與免疫細胞結合，製成預防癌症的細胞。科學家預計使容易罹患癌症的人、遺傳上很可能會引發癌症的人，小時候最好預先製作疫苗、注射疫苗。只注射疫苗一次，有些癌細胞或許會躲過免疫系統而繼續出現，這時必須再度製作疫苗、注射疫苗。這樣治療 3～4 次，癌細胞即可能受到抑制，而不再出現。

5 月份路透華盛頓美國科學家發佈一項新發明，一種基改流行性感冒病毒可以消滅老鼠的腦瘤細胞。美國國家防癌學會與食品藥物管理局（FDA）準備針對腦瘤患者進行臨床試驗。

在美國，每年罹患腦瘤的民眾約一萬八千人，不治

死亡者高達一萬三千人，其中約半數是神經膠質瘤。

　　神經膠質瘤是最致命的腦瘤。如果效果顯著，這將是惡性神經膠質瘤的首見療法。

　　李德堡博士指出：細菌和病毒與人類和諧共生最佳的策略就是和人類結合，成為宿主遺傳基因組的一部分。其實目前人體內大概有五百種不同的逆轉錄病毒，在我們體內發揮不可或缺的防禦作用。

疫苗的誕生是人類和病毒合作的最佳例子

我們應該把人看成一種包容極廣的超級生物，遺傳基因組內含人體細胞以及微生物和病毒的遺傳基因，幫助我們維持身體健康。

被稱為病毒之王的 SARS，是否有可能變成疫苗，幫助人類產生新的抗體，來使人類身心的免疫能力大幅提升？或許這是人類與 SARS 攜手共同進化的契機！

許多細菌和病毒都已成為人類基因中的一部份，幫助人類健康的提升

SARS——人類應再進化的契機

> 只有身體、心靈、智慧、慈悲再昇華，才是人類進化的唯一出路。

現代人的平均壽命，比起古人似乎是延長了。但這並不意味著現代人比古人健康，而是拜先進的醫療技術所賜。現代人受到的壓力愈來愈大，但身心健康條件不足，而且在未來不能有所改善的話，就好像以十八世紀的燃料，供二十一世紀太空船使用，是不可能成功的。

所以，在進入二十一世紀以前，如何讓生命未來存延？成了最重要的課題。重塑生命未來自身才能在巨大的洪流中，成為中流砥柱。

當我們是可自由變身的自我，也就可以在意義當中創造自我。事實存在的不實在性，能讓我們更遠離並跳脫現在的障礙。

以人類演化的歷史為例，過去所謂的優勢條件，往

往會變成現前的障礙，在十八、十九世紀時，人類認為自己能夠征服世界，陽剛的生命型態是強者。

但是在愈來愈快速的變化當中，我們發覺到一個現實，尤其是過去所依恃的優勢條件，在整個因緣的變化中，不知不覺已經變成生存的劣勢。

人類文明科技高度發展的大城市、工廠、飛機、醫院，現在成了病毒傳播最大的感染源。而許多病菌會爆發大規模的感染流行，則是拜人類無遠弗屆的交通網路、醫院之賜。

《槍炮、病菌與鋼鐵》的作者賈德・愛蒙（Jared Diamond）指出，對於微生物而言，人類世界貿易路線的發展，成為微生物第一次向世界擴張的好機會。截至羅馬時代為止，歐、亞、北非各路人馬匯聚在這條路上，成為微生物遠征五湖四海的最佳途徑。

公元一六五年和一八〇年之間，人稱安東尼瘟疫（Plague of Antonius）的天花來到羅馬，因此喪生的羅馬市民高達好幾百萬人。

從這些教訓中，我們了知單純的科技與制度的改進，並不能帶給人類幸福，只有提昇、進化人類的身心，人類的生命才不會失去價值。人類進化的正途，應

該是使身心將逐漸健康與清淨安寧，能生起慈愛友恕的心，對一切生命視同手足，逐漸遠離貪欲、瞋恚與癡迷，而將之轉換成慈悲、智慧與信賴。

因此，不管是在精神上，或者是在物質上，除了外在環境的進步，我們更應該提升人類的內心世界，如此才能不斷地改善外在的世界，使之趨於圓滿、至善，這才是人類進化的正常途徑。

對於人類的進化，至少要包含五個部份，我們可以稱之為「五Q進化論」：

IQ：智商、知識品質的昇華

EQ：情緒管理的昇華

MQ：慈悲品質的昇華

WQ：智慧品質的昇華

BQ：身體材料的昇華

每一天我們可以問自己：

我的知識是否足以面對未來的挑戰？

我的情緒管理是否足以面對未來的挑戰？

我的慈悲品質是否足以面對未來的挑戰？

我的智慧品質是否足以面對未來的挑戰？

我的身體材料是否足以面對未來的挑戰？

每天這樣的思惟與觀察，讓我們能時時警惕、不斷精進，在面對各種助力時不會得意忘形，在面臨鉅大的挑戰時，也能從中發現昇華的契機。

　　從長遠的宇宙生命史上來看，SARS 在二十一世紀只是一個小波瀾，雖然他讓很多人失去了生命，但是也讓我們看到生命的脆弱，在生命進化的過程中，永遠充滿悲憫，找到一個向上的契機。讓我們知道人類的身體、心靈、智慧、慈悲上必須再進化，才是惟一的出路。

　　這個教導是SARS先生帶給二十一世紀人類最珍貴的禮物！

我們可以用五種指標來看人類的進化指數

PART·········❷

理論

沒有敵者——
從心到呼吸、氣脈、身體乃至環境的和諧

> 我們不要與心、氣、脈、身、境為敵，要和它們統一，從自心到宇宙，達到最深沈的和諧！

我們生命中的許多耗損，都源於對立與敵意，不只是自身與他人，甚至我們自己的心念，自己與自己的呼吸、氣脈、身體，乃至 SARS（外境），都是在對立與衝突之中。現在，我們要和自身完全和解，和外境完全和解，完全和諧，沒有敵者。

從自心到外境，我們可以用心、氣、脈、身、境等五個層次來統攝。

心、氣、脈、身、境是我們統攝掌握自我身心與外在世間的絕佳分類。這五者由內而外，由細而粗；在訓練的過程中我們由境到身到脈、氣、心，但轉化時卻由心到氣、脈、身、境，所以我們轉化成功時，不只自己

身心變得更莊嚴圓滿，
而外境，也能跟著轉換。

我們要了解，心意
識的相續執著的運作，
產生運動的力量就是氣；
氣不斷運動的軌跡則形
成脈；而脈氣的相續造
作，產生支分的實體化，
則形成了明點（如內分
泌）、各種器官與身體。
而心、氣、脈、身所投
射於外界的時空情境與
其他生命的心意識交互
映成，則形成外界相對
性的客觀世界，就是境。

所以，心、氣、脈、
身、境根本是一貫、同
體一如的，都是心意識
的影子，但心意識也受
到外境的反射而轉換，

人類與外境的和諧，
是從與自身的和諧為起點

又交互投射。

如果能掌握到一切現象都是如幻的，身體必然能夠在適當的條件下轉換，使心、氣、脈、身、境如理顯現。

心：心是心念、智慧之意，俗語說：「相由心生」，正是心念改變身心相貌的最佳說明。有時只要心一通達，氣、脈、身、境馬上變化。

氣：就是各種呼吸，包括了呼吸器官和皮膚、細胞的呼吸。氣的重點是在「鬆」，氣鬆則細胞間的呼吸完全通暢，全身都可呼吸。

脈：脈是指我們的循環系統，內分泌系統和經絡穴道等。氣鬆而通，脈必至柔。至柔法界性，全身的脈就是宇宙的根本體性，無處不通暢，本來無阻礙。

我們常聽人說打通「任、督二脈」，功力大增的高深境界，其實至柔的脈不只任督二脈，是全身經脈皆通，最後匯入中脈，中脈是無為脈，又稱智慧脈，只有心如開悟時才會顯現。

身：身即身體。

境：境是指外境，外境與我們自身並非截然二分的，相反的，當我們觀察著宇宙時，就已經參與了宇宙自身。從心至境，外境可以說是心之大幻化遊戲。

我們可以以 SARS 為例，來說明心、氣、脈、身、境五者的關聯。當我們一想到 SARS，心就緊了，心一緊，心輪就糾結在一起、堵塞了，呼吸就變淺了。

我們放鬆時，呼吸的氣息就會從鼻孔正的中央進出；心一緊張，呼吸的氣息就變成從鼻孔邊緣進出，此時呼吸就變得粗重了，有摩擦聲音出現；這時呼吸不但變淺，還外浮，不再走中脈。

此外，當我們的心輪一緊，身體就往上吊、所有骨架、五臟六腑等等就都位移、偏掉、扭曲了。

一般人一想到SARS，
心、氣、脈、身、境
就產生負面的變化

現在心放下，一切不緊張，呼吸就自然深、氣通百脈，脈就鬆開了，身體就放下了，氣血就通暢了。可見心、氣、脈、身、境是如此息息相關，相互影響。

・轉化身心的五大口訣

轉化身心的基本心要，可以匯集成五大口訣，即心如、氣鬆、脈柔、身空、境幻（圓）。這五者由心的細微到身、境的具相，可說是包含了修證所要成就的一切範疇。從一個初學者乃至最高的修行者，都可以此五大口訣含攝。現在簡介如下：

一、心如：心如就是心無所執著，不受制約。

心要契於真如。「如」在佛教哲理中是很重要的名詞；它的意思就是指實相，也就是真實、實際、如其本相之義。所以「心如」也就是指我們的本心，完全沒有扭曲，不落入意識造作、對立、分別、情緒當中。

「如」的前提，就是心要契正於「如」。首先就是心要放鬆、放下、放空，心不執著於萬物。心放下、放空之後不是無知，而是更清楚、更明白。心在完全放下後，沒有負擔，會宛如明鏡一樣顯現，鑑照萬物。所以，能如其本相，對萬事萬物、對一切境界都不加以扭

曲，心也不會受到制約，才能顯現萬物本相。

心如就是心在無所執著的時候，不受制約，能夠像《金剛經》中說的「應無所住」；而真實的「放下」，才能應無所住；這時所照見的萬物，不會扭曲、不會變形，就是「而生其心」。放下一切才能了知一切，這是心如的狀況。

至於我們平時如何才是心如呢？

我們現在面對 SARS，正是很好練習的機會。因為平常無關緊要的事，對我們的修行也不會起太大作用。像平常的感冒，雖然不舒服，但吃吃藥就好了。而 SARS 不同，它隨時隨地存在，但在哪，沒人知道；但它又沒有可怕到會立刻令人致死，怎麼預防都無效，如果是這樣，效果也不大，大家在來不及努力時，可能就死了，根本沒機會，那麼很多人就會先放棄了。

正因為情況並非如此，雖然每個人都很怕得到 SARS，好像隨時都有可能被傳染，但它又不是真的那麼可怕，因為大家還是有不被感染的機會。

所以，SARS 就像我們人間的環境，永遠有危機，但是又有機會可以平安度過。這種心態對修行是最好的機會。

這時，如何心中無所執著，如實的觀察 SARS，就成了最佳的練習的方法。

　　二、氣鬆：心意識的流動力量，形成氣機的流行，心如王，氣如馬，心氣常相聚一起；而氣要轉動自如則必須放鬆，才能產生最大的力量。呼吸放鬆了，才能自

心如王，氣（呼吸）如馬，
心氣相聚，必須放鬆才有力量

由自在的濟助身體的每一個細胞生命能，並使之充足圓滿，具足生命體進化增上的能量。所以氣鬆則身心無病，生命力旺盛；而且鬆即沒有執著，執著則產生緊相，對身心不利。

如果我們很緊張，有敵意時，空氣吸進來時就會產生結滯，與身體產生抗衡，自然身體吸收的能量就少，甚至產生負面的能量。所以，我們要隨時保持呼吸的放鬆，才能使身心處於最佳的狀況。

三、脈柔：氣的通道即是脈，脈阻塞氣即不行，身體百病叢生，脈僵硬則易跪、氣息不暢，不能有力推動生命力量。所以脈柔軟，則氣通暢、充足，氣機宏大，身體任一支分都能氣血圓潤，體康心健。

柔軟的需脈必須不硬不脆，充滿彈性，使脈道不執著、不用力，則脈不緊張、不僵硬，所以只有在脈自在無執的狀況下，才能顯現大柔。

所以，我們要讓脈放鬆，使脈柔軟，不硬不脆，充滿彈性，脈道不執著、不用力，脈不緊張、不僵硬；在自在、無執著的狀況下，才能顯現最大的柔軟與彈性。

觀想將光明的空氣吸入體內，讓身體更舒服、更有能量

氣鬆有助防疫疾病

SARS是飛沫傳染，感染的是下呼吸道，所以我們的呼吸也是很重要。因此，我們除了想像 SARS 是光明，還有一切空氣也是化成光明，這光明就像佛的光明一樣清淨、能量具足。當我們這樣想時，空氣的分子會變得更微細、更有能量；我們將光明的空氣吸進體內時，自然也會更舒服、更有能量。

　　脈要放鬆，平時我們的脈會緊張，是因為心念緊張；心為什麼會緊張？是因為不如，不住於實相，看外相不空，一執著就緊了。

　　四、身空：只有空能無有阻塞，含容萬物，我們身體上，包括細胞、五臟、六腑、明點（內分泌）、骨骼、肌肉等生理的粗分物質，如果這些生理器官僵塞緊張，則身體百病叢生，所以身要空，則四通八達，毛孔空，則氣息通流，血脈通，則氣機旺盛；所以身空則病息，身空則易轉化成就。

　　五、境幻（圓）：外境是由全體生命共同的意識行為所形成，比較難改變，但其中我們自身所造作的部份，卻可透過如幻的認識，比較容易隨心所轉。所以我

們了知境幻，可做為心轉外境的準備。

　　掌握了這五個口訣，我們就進入了身心完全統一和諧的第一步。

　　以下我們分別從心、氣、脈、身、境的和諧，來說明達到自身與外境完全和諧統一的實踐方法。

2 心的和諧

我們心中種種負面心念的產生，都是源於自身與心念的敵對。因此，我們應該試圖與自己的心念和解，不再與自己為敵。

我們的心是生命中痛苦與喜樂的根源，她就宛如大海一般，湧起了無數的心浪。

佛陀曾經以十分有趣的說法來形容我們的心靈。他說：「

心的去向，宛如疾風一樣，不可捉摸。

心宛如流水，不斷的生滅而不止住。

心如同燈焰一般，是因為眾緣相聚而有。

這顆心如同閃電，會念念寂滅。

心如同虛空，會被外來的客塵煩惱所污染。

心如同獼猴，會貪染六欲。

心如同狂象，會踐踏各種土舍，破壞一切的善根。

心如同吞鈎之魚，在痛苦中生起歡樂的幻想。」

由於我們的心靈，是如此的豐富而複雜，帶給我們生命中一切的痛苦與歡樂，並創造了覺悟安詳與迷惘紛亂。所以佛陀鼓勵我們要自行修行禪觀，來降伏自己的心靈，來圓滿自己的智慧生命。

我們應該試圖與自己的心念和解，不再與自己為敵

能正確認知實相的是心，能錯誤了知現象的也是心，能使我們幸福快活的是心，能使我們傷心痛苦的也是心。心真是生命中最奇妙的資產與累贅，但同時當我們的心靈受到創傷時，能夠療治的也是心了。

　　我們由於心靈中根本的無知無明，引發了貪欲、瞋恚、愚痴、傲慢、懷疑等五種煩惱心念，加上與汙染的心靈相應而產生的放逸、懈怠、忿恨、慳吝、嫉妒、惱害、欺誑等念頭，當然會引發我們心靈中種種的苦痛與傷害。

• 遠離顛倒夢想

　　事實上，我們生命的根本傾向，應該要趨向和諧統一。因此，我們應該試圖跟自己的心念和解。

　　當我們與自己的心念和解時，自然不會故意去製造很多負面的心念，很多的驚恐及各種顛倒夢想，因此也會遠離所有的恐懼。

　　所以《心經》中說：「依般若波羅蜜多故，心無罣礙，無罣礙故，無有恐怖，遠離顛倒夢想，究竟涅槃。」也就是這個道理。

　　當我們的心念與自己相為敵時，心意識在這中間製

造了許多的虛妄的假象與欺騙。自己欺騙自己，自己給
自己創造惡夢、惡運，製造出很多陷阱來陷害自己，讓
自己心情不好，讓自己的心念虛華不實、飄浮、妄想、
恐怖顛倒。

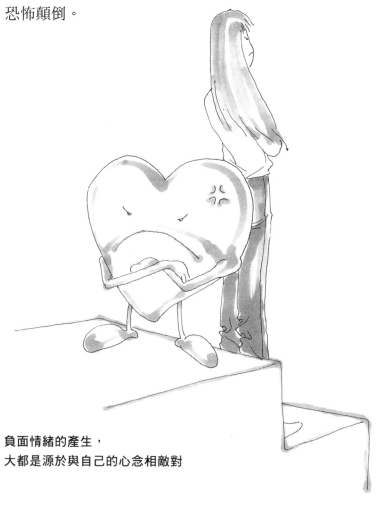

負面情緒的產生，
大都是源於與自己的心念相敵對

這種種負面心念的產生，都是來自於我們自己跟自己的心念敵對，所以我們跟自己的心念要和解，握手言和。

如此一來，我們看待、觀察事情就能統一。當我們如實地觀察、看待事情，在我們的自心中不必有臆想或預測，而是當下的觀照，看到一切實相的本質，這樣的觀照就是般若智慧。

正如同《心經》中所描述：「觀自在菩薩，行深般若波羅蜜多時，照見五蘊皆空，度一切苦厄。」五蘊就是指身體、感受、思想、生命意志，意識，這五蘊都是空的，所以能夠度一切苦厄。

所以，當我們心中不生起臆想分別、各種對立的心念，不再與自己為敵，讓心與身體完全的融合，就能如實觀照實相，就能超越一切的虛妄，產生正面的思想，觀照一切事物的真實、實相。

如果我們心中沒有負面的情緒、負面的力量來拉扯自己，我們心中自然充滿光明喜悅、正直、智慧。

• 安心的方法──心如明鏡鑑照

我們的心念，平常都是隨時隨地都在妄動著。當我

們想用這隨時都在妄動的心念，來尋找自己的心時，就像我們在捕捉自己的影子一般，當我們一動，影子就動，當我們想要追逐它，影子就同時逃逝了。現在，讓我們心安靜下來，觀照著它，它就不再如狂奔的野馬，妄念慢慢地受到馴服。如此一來，我們就容易掌握到自己的心，也能自在的作用了。

讓我們的心念安靜下來，使我們掌握自己的心，當我們的心溫順的與我們在一起時，它的動靜變化與不安，就掌握在我們手中，我們也就能夠對症下藥，讓自己心中的任何傷害自然療癒了。

「放下一切」，讓我們的心宛如漂浮在水上的木頭一般，水來讓它來，水去讓它去。不要想壓住自己的心念，也不要隨著煩慮的妄念胡思亂想，只有這樣，才能讓自己找到心靈的原點，並對症下藥，使自己的心靈康復健壯。

心有著無限的力量，它為我們帶來幸福，也替我們創造了苦痛。現在，我們溫柔的面對自己的心靈，仔細的瞭解它，發掘它的力量，並觀照它在生命歷程中的喜樂與哀傷。

把焦慮的心放下來

當我們的心中焦慮不安時，可以先把心放下，不做任何的思惟、分別，讓自己的心寂靜下來。有念頭生起時，不必去壓抑，也不要隨著妄念而胡思亂想。只是讓自己的心念，十分的安靜而照明。沒有妄念時，就如此安住，有心念時，就像明鏡一樣觀照著，不隨著它妄動。

妄念

當妄念生起時，不必想壓制，也不要隨它而去

3 呼吸的和諧

感謝呼吸，她是身體最佳的能量供應商，及帶出體內濁氣的環保者。

呼吸伴隨著我們從生到死，正確的呼吸不只能讓我們養生長壽，甚至會影響著我們的快樂、幸福，乃至於事業的更加圓滿成功。

呼吸柔和自在的人，身心必然更加康健，也更能平心靜氣，做正確的人生決斷。而且也更能耐壓，少生氣、多快樂，多幸福，而智慧與慈悲也更容易增長。

• 呼吸是生命力的象徵

呼吸與身體健康有密切的關係。雖然我們每個人都會呼吸，但卻很少有人，會用最能促進健康的方法呼吸。

呼吸是生命力的徵象，當我們呼吸不暢時，我們的生命活力自然減退了。長期的呼吸不順，可能會形成心

理或生理的障礙，甚至會產生疾病。

順暢呼吸，則使我們更有活力、更健康、更快樂。如果能夠善得深細的呼吸，更能讓我們得到養生奧訣，使我們的人生受益無窮。呼吸連結著我們的心靈與身體，透過良好而健康的呼吸，不只能使我的心靈與情緒，更加的舒暢、開懷而安靜，同時更能讓我們身體的細胞、氣血、器官、筋骨、肌肉獲得更大的健康能量。

• 呼吸的樣貌

呼吸雖然是自動機能，但是基本上還是受到心靈的影響，這就是所謂的「心息相依」。當我們六種根本感官：眼、耳、鼻、舌、身、意，此六種感覺器官接觸到外界的事物，會產生感覺作用，呼吸會由於六入之間的相互關係而產生不同的變化。而良好的呼吸習慣也會影響到心理的感覺，兩者相互影響，相互依存。

呼吸的樣貌，依照粗細不同，可分為四個階段：

一、風相：出入鼻中有聲，自己及他人都能聽聞，叫做風相。這是一般人呼吸較粗重者所成的現像。

二、喘相：此時呼吸雖然沒有聲音，但是呼吸出入不暢結滯不通，叫做喘相。

呼吸的樣貌有
「風、喘、氣、息」等四種

三、氣相：呼吸時雖然沒有聲音，也不會結滯不通，但是呼吸尚粗，出入不細，叫做氣相。

四、息相：呼吸無聲，也不結滯，出入不粗糙，呼吸綿綿細長，若有若無，神思安穩，心情愉悅，稱為息相，是良好的呼吸品質。

在現代的醫學中，呼吸與身心的關係，也成為重要的研究項目。像現代的精神病理學家魏爾漢‧瑞奇（Wilhelm Reich）他經過了研究之後，十分的了解呼吸和心靈、情緒之間的關係。他曾說過：「沒有一位精神病人可以深長而均勻地呼吸。」

瑞奇的學生、同時是精神病醫師亞歷山大・魯文（Alexander Lowen），經過長期的觀察後，他曾經說：「每一種情緒的問題，都反映在雜亂的呼吸上。」看來，呼吸與心念、情緒竟連結的如此深密。所以我們想獲得清明平靜而愉悅的心，必然會伴隨著深長而均勻的呼吸。另外，有些醫生及醫學研究者也發現，疾病痊癒的第一個徵兆，就展現在規律的呼吸上。

　　當我們的呼吸器官、系統放鬆、我們的呼吸放鬆、呼吸的對象空氣也放鬆，自由自在，自然能具足身體細胞所需能量，充足圓滿，具足生命體增上進化的力量。所以氣鬆，身心有力。因為氣鬆，氣就流暢、通達，空氣分子就會更微細。

　　以水分子來比喻，一般水分子是比較大的，因為能量不夠，聚成一團；現在市面上有很多所謂好水、能量水，是因為增加了水的能量，讓水分子變得更細小，成為小分子水。而人體一些末稍，或較深層的地方，一般水分子就沒有辦法到達，自然也無法清淨那些微細的地方及人體代謝出來的廢物，而容易積聚在體內了。

　　如果現在水分子能量具足，但體積變小了，如此很多人體微細末梢之處，它們就能深入達到清淨及供給能

量。同樣的，我們呼吸空氣也是一樣。我們呼吸放鬆，呼吸道自然鬆開，孔隙可能由原本 10 個單位大小，擴大成 15 個單位大小，這樣不但一般的水分、空氣都能輕易的進出，而且還能吸進、容納比平常更多的空氣。

把氣放鬆、心臟放下，氣血自然通達

再加上空氣也因為我們的放鬆而變得更細小，所以也能更深入我們體內。這兩者相加相乘的效果，當然就讓我們呼吸的品質提昇，進而使我們的健康也隨之改善。

吸氣之前先學會吐氣

很多人在呼吸時，會覺得吸不進空氣，這是因為我們的身體長期緊張僵硬的緣故。

當我們的身體長期緊張時，體內的內臟就會像一間一間關起來的小房間，長年累月悶著不透氣，裏面的空氣都是髒的、發臭了；好不容易一打開，才發現很多雜味都出來了。因此，我們在吸進乾淨空氣前，要先學會吐氣，把體內濁氣先吐出體外，才有空間容納吸入的新鮮空氣。

• 呼吸的和諧

在呼吸的和諧上，我們要注意：不要與自己的呼吸為敵，當我們與呼吸為敵，我們就與它站在對立的立場，如此一來呼吸就更緊張了。

因為我們自己未曾帶給呼吸溫暖，所以，當氣息進入我們身體時，感覺到自己好像是一位外人，她無法與身體相合在一起，所以不能供給身體最好的能量，不能

平和地與身體交換能量，所以她也不能提供很光明的氧氣給我們，這一切都是因為我們一開始就敵視她，好像她不屬於我們身體的一部分。

我們現在可以仔細檢測自己的心念與進入我們身體的呼吸，觀察氣息進到我們身體裏面的感覺是僵硬緊張的？還是和順溫柔的？

呼吸就如同我們這個小宇宙的風息一般，同樣是風，但卻有令人恐懼的有暴風、讓人喜悅的和風，有不合時宜的風，也有能夠吹暖山河大地、讓整個世界欣欣向榮的春風。

我們可以觀察自己的呼吸，如果我們呼吸進來的空氣是凝結的、是很緊張的，就像充滿負面力量的風，這樣的氣息並不能夠滲透到身體的每一部份，相對的，呼吸也很短促。

由於氣息凝滯、緊張，因此跟我們的身體也不能相容，為此我們必須耗費更多的能量才能與她交換。因為彼此之間好像沒有相互合一的關係。

現在，我們把心念放下，吸氣時，迎接吸進身體的空氣，邀請她成為我們身體的一部份；呼氣時，我們歡送她，感謝她將家中多餘的濁氣帶出，是多麼好的能量

供應商與環保者！

　　呼吸對我們的反應，完全視我們如何看待她，當我
們緊張的看待呼吸時，同樣的，呼吸也就會跟著緊張；
當我們放鬆的看待呼吸時，呼吸就輕鬆了。

呼吸是人體最佳的能量供應商及清潔環保者

讓我們用最放鬆的心情來看待我們的呼吸；用「空」的心情來看待呼吸，呼吸就變「空」了。用光明、沒有執著的心、智慧的眼光來看待呼吸，讓呼吸完全與我們交融為一，那麼，此刻呼吸就是我們自己了。

　　現在我們可以觀察一下自己的呼吸，呼吸變得很柔、很順。

　　吸一口光明的氣息，氣息就化成光明進入我們的身體。讓我們準備最舒適的空間，讓氣息受到最好的招待。

　　身體裏最舒適的空間，莫過於將中脈打開，讓氣息進入到我們身體的最深層。

　　我們觀察氣息進入身體的途徑，現在氣息進入鼻子、喉嚨、喉輪，兩乳之間進入心輪的最中央，氣息從心輪的最中央注入了能量，如此一來，我們的心就打開了。

　　接著，氣息進入我們的臍輪、海底輪，進入身體的每一部份，進入我們的骨頭、髖骨、膝蓋、腳踝、十趾，進入我們的十指，五藏六腑，頭、目、腦髓，從心到身都完全在一起，我們的心與呼吸完全相應，心與氣息完全融合在一起了！

• 睡夢中脈呼吸法

　　呼吸的和諧，除了以上的方法之外，還有在我們睡夢時可以練習的的中脈呼吸法：

　　睡時　　中脈開

　　頂輪置眉心輪

　　眉心輪置喉輪

　　喉輪置心輪

　　心輪置臍輪

　　臍輪置海底輪

　　海底輪置於空

　　空置於法界體性（不可得也，無生無滅也）

　　以空息、法界智息

　　隨於中脈呼吸

　　入法界光明自在

　　睡矣！

　　非於夢睡如是

　　行住坐臥亦如是也

　　「中脈」在人體前後左右的正中央，由頂髻處的頂輪（髮際往後八指之處）、眉心輪、喉輪、心輪、臍輪，海底輪（身體中央臍下四指處）至密輪。

頂輪置眉心輪，眉心輪置喉輪，喉輪置心輪，心輪置臍輪，臍輪置海底輪

　　每天晚上睡覺前，我們把心打開、中脈打開，放鬆、放空，讓頂輪放下來，放到眉心輪，眉心輪放到喉輪，喉輪放到心輪，心輪放到臍輪，臍輪放到海底輪，如此，在身體正中央會形成一條脈道，這是開啟中脈，很迅速的方法。

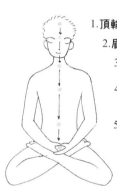

1.頂輪置於眉心輪

2.眉心輪置於喉輪

3.喉輪置於心輪

4.心輪置於臍輪

5.臍輪置於海底輪

6.海底輪置於空

7.空置於法界體性

中脈呼吸法

平常時要「放心」

平時我們可以把五臟六腑放鬆、要「放心」，真正把心放下來，不要提心吊膽，甚至把脈輪也放下來。

一般人不但外表緊張，連身體內部也是緊張的，所以，我們放鬆時，不但骨骼、肌肉要放鬆，連五臟六腑也要放鬆；而內臟放鬆後，可能脈也還是緊張的，所以，脈要放鬆；脈放鬆後，氣要放鬆；氣放鬆後，心要放鬆；心、氣、脈、身、境，全部都要放鬆、放下、放空。

海底輪置於空，空置於法界體性

接著，我們睡覺時，全身放鬆往下沉，然後讓頂輪放到眉心輪，眉心輪放到喉輪，喉輪放到心輪，心輪放到臍輪，臍輪放到海底輪，海底輪放到空，完全不執著；空則放到法界體性，一切不可得，轉而有力，無生無滅。

以空息、法界智息，隨於中脈呼吸，入法界光明自在，睡矣！

這時將中脈打開，將身體最核心的氣脈、脈道打開，此時以空息──呼吸放空，以法界智息，整個放空後，化成光明的呼吸來呼吸，讓呼吸隨順著中脈的脈道

而出入。

我們雖然將中脈打開，由中脈呼吸，但息的出入，不一定由頂輪出去，還是由鼻子出入。

隨於中脈呼吸，入法界光明自在，睡矣！

非於夢睡如是，行、住、坐、臥、亦如是也

這個方法不限於睡覺時才可以用，所以說「非於夢睡如是，行、住、坐、臥亦如是也！」

如果我們平時坐著的時候要練習，可以先用妙定功的調身法，將身體調好後，以妙坐功坐下（妙定功詳細內容請參閱洪老師禪坐教室系列之3《妙定功》），然後，將頂輪放到眉心輪，眉心輪放到喉輪，喉輪放到心輪，心輪放到臍輪，臍輪放到海底輪，海底輪置於空，空置於法界體性，這時全部放下，開始自然呼吸，在中脈中呼吸智慧、光明的空氣。同理，走路時，也是可以這樣練習。

這個方法是對「氣鬆」的口訣，特別再強化的呼吸道的修行。如果可以相續這樣做，整個身體的骨架、肌肉等等不論是外在的相或是內在的組織，產生良好的改變。平時經常使用此法，可以使我們的呼吸更加和諧。

中脈呼吸法

　　中脈呼吸法是開啟中脈極為迅速的方法，我們可以依照以下的步驟，經常練習：

　　・平時將五臟六腑完全放下，連脈輪也放下來。

　　・將心、氣、脈、身、境完全放鬆。

　　・全身放鬆往下沈，讓頂輪放到眉心輪，眉心輪放到喉輪，喉輪放到心輪，心輪放到臍輪，臍輪放到海底輪，海底輪置於空。

　　・將空置於法界體性。

　　・將中脈打開，讓呼吸放空，化成光明的呼吸來呼吸。

　　・讓呼吸隨順中脈的脈道自然出入，呼吸這個方法平時行住坐臥都可以隨時練習。

4 氣脈、經絡的和諧

如果我們的氣脈、經絡緊張，就會如同受到驚嚇的小孩一般，緊縮在身體的每一個角落，無法展開、暢通。

氣脈是指我們的循環系統、內分泌系統和經絡穴道等。

人體的循環系統包括循環器官（心臟、肺、血管、淋巴管等）和循環液體（血液和淋巴液）兩大部分。循環系統供應血液和營養到體內各細胞，並清除體內廢物。

內分泌系統和一般的器官系統不同，彼此之間並不連接在一起，而是孤立分布，除了利用血液流動相互連通以外，沒有其他組織可以做為聯絡的交通工具。

內分泌系統和神經系統一樣，都主持軀體上整個或局部機能的調節。只是神經系統靠神經直接支配身體的各個部位，效果迅速而為時短暫；內分泌系統則依靠本身所分泌的化學物質，經由血液的運輸而到達該發生作

用的部位，效果較慢，但為時較久。

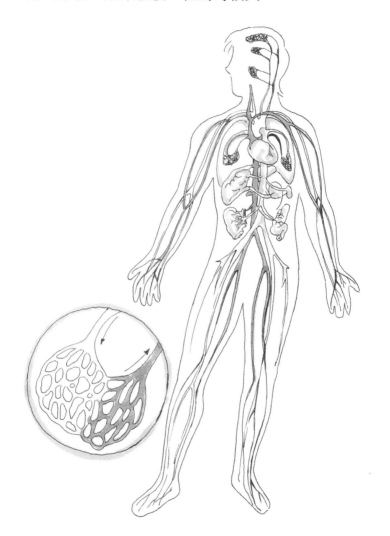

放鬆我們全身的循環與內分泌系統，達到最好的和諧

經絡系統包括經脈和絡脈，它們分布全身，把體內臟腑和體表各種組織器官緊密連繫起來，經脈是經絡系統的主體，每一臟腑都有其所屬的經脈；絡脈從經脈分出，遍布全身的細小分支。

　　經絡系統主要包括十二經脈，奇經八脈和十五絡脈等。十二經脈和奇經八脈中的督脈和任脈，合稱十四經脈，其上各有專穴，與針灸臨床的關係最為密切。

　　經絡有運行氣血，溫養組織、溝通全身的功能，使臟腑器官、四肢百骸、皮肉筋骨等，保持結構完整和功能協調，使人體成為一個有機的整體。

　　使全身的所有循環系統壓力解除，恢復自然功能，完全放鬆且有勁的運作，使全身的生命能量，自然傳導，使每一個細胞再生與活化。

　　當我們的心、呼吸統一和諧之後，接著就是氣脈與經絡的和諧。

・氣脈、經絡的和諧

　　要達到氣脈、經絡的和諧，首先，我們的心不要與氣脈、經絡為敵。當我們與她有對立態度時，她就始緊張，它一緊張就阻止了我們身體的循環。就如同一個受

到驚嚇小孩一般，緊縮在我們身體的每一個角落，無法展開、暢通，因此我們的身體也成節節寸斷了。連帶的身體所有的內分泌、血液就結滯、不順暢了。

　　我們了解因由之後，現在我們要勇敢光明地看待她，讓身體的經絡、氣脈，完全暢通起來，完全地統一。

　　我們的氣脈就像虛空中無實的彩虹，光明如太陽，而遍照光明。

　　讓我們的氣息與每一條經絡，完全相合為一，完全放鬆，讓整個身體的網絡，完全暢通起來！

5 身體的和諧

視自己的身體為自身，不要與她為敵。當我們光明的看待她，她就用光明的姿勢展現給我們看。

• 身體的無常變化

身體和諧的基礎，必須建立對身體的正確觀念上。而首先我們要對宇宙人生正確的觀察，了知原來宇宙的萬事萬物在時間的序列中都是不斷的運動著，遷變、演化，從來沒有固定不變過。

而任何生命力的主體，不過是依著緣起條件，不斷交互映成，根本是心意識所投射的時空幻影，根本沒有固定不變的主體的本質。

我們了知了這樣的事實，並且內化入我們心靈的深處，破除妄想的無明執著，則我們不會被萬象的幻影所牽動，而心中常生喜樂與智慧光明。

透過這樣的理解，我們了知自身的無常性，不只我們的心意識，隨著時空的遷變，而不斷的轉化；而生理

也會配合著心念轉化，卻又遵循著生命密碼的輪道向前。我們身體如幻化，而我們心中理想的身體或佛身也是幻化的，因此有不斷改變的可能。

• 人身與佛身

人類身體進化的典範，可以以佛陀的身體來看。

佛身具足三十二相八十種好，這是人類生理發展的理想狀況。佛身不只在造型上十分莊嚴圓滿，而且在人體的構造上符合物理運動的原則，可以說是人類身體最好的進化型態。

我們觀察佛身，在外形上能讓正常人欣喜接受，在比例結構上，也讓人感覺到十分的莊嚴；而生理構造上，讓自身感覺舒適自在，身體不會緊張，不容易疲累；而在運動上，也能運用最小的力量，產生最大的效能。

人類的身體如何進化成理想的佛身呢？

其實佛身的形成，是心靈完全淨化，充滿了悲心、智慧，以其穿透氣、脈、身，使之完全清淨無染、柔軟沒有障礙，如此來成就佛身的。

佛身的圓滿內涵，是以慈悲、智慧的昇華而成就

以佛身的頂髻為例，就是智慧圓滿、腦部功能完全進化後所產生的現象。而佛身皮膚細滑平滿猶如嬰兒，這象徵著氣機充滿，身體沒有任何阻塞。佛身是修行圓滿的自然產物，也是悲心與智慧圓成的象徵。在密教中則透過佛身瑜伽的本尊觀訓練，加上原有的心念修持，加速自己佛身成就的速度。

在理論上，我們先確立了身體改變的可能性，再看看成就佛身的典範，而後要在心意識上不斷的相續增益，我們的改造力才會倍增。

• 身體的和諧

如何達到身體的和諧呢？

首先，我們想像身體的每一部份，都像穿透的光明彩帶，像光明的輸送帶一樣，從整個身體的正中間，宛轉到每一個骨頭，乃至指甲，全身的每一部份都是暢通的。

讓我們的心念與我們的身體為友，要視自己的身體為自身，不要與她為敵。

每當我們一緊張，身體的每一節骨節也就開始緊張了，這時骨頭就變得易脆，容易受傷；呼吸一緊張，骨

頭表面就不平滑了，就充滿了粗糙面，因此就不結實了，僵硬而易碎。

所以一個緊張的人，當他摔倒時，很容易就受傷了，骨頭一緊張，也很容易受傷。

所以，我們現在完全鬆開骨骼，因為我們願意接納它，讓骨骼就像楊柳一樣，在微風中自然的展現。身體完全的放鬆，心跟身體完全統一，我們的骨骼、肌肉、皮膚、骨髓、五臟六腑，全部都統一。我們要視她們為友，視她們為自己，不要與她們為敵。

我們整個五藏六腑、整個身心骨髓、全部的一切都統一了，我們的心、氣、脈、身全都統一了，完全沒有負面的能量。當我們正視她時，她得到了溫暖，受到光明對待。於是她們就用光明的姿勢、展現給我們看。

在量子力學的理論中說，「這個世界正用我們觀察她的姿勢、心念，來展現我們所要觀察的現象給我們看。」正是如此。

現在，我們整個身心完全放鬆了，整個身體的障礙完全消失了，完全和諧、統一。

6 外境的和諧

　　當我們溫柔地對待一切外境,這個世界就會用同樣的心意來面對我們。

　　當我們的身心完全安定下來之後,這樣安定的身體小宇宙與大宇宙會產生相應,自身與宇宙一起呼吸,以整個宇宙法界的母胎,和宇宙同步流動。

　　所以,在佛教禪定中記載,打坐入初禪境界的時候,會看到自身的地、水、火、風、空五大元素跟整個外在宇宙同體,這時候身體與外界的宇宙會產生統合性、統一性,這是第一次內在的宇宙產生小小的統一了,能夠與外界宇宙稍微感應,身心也就會產生很大的變化,壽命也增長了。

　　時間名「宇」,空間為「宙」,面對外境,我們以時間和空間二軸來統攝。

我們對時間和空間的知覺與概念都是相對性的，因此長短（時間）與大小（空間）都與我們慣有的經驗相關。

雖然我們制定了各種計量單位，卻只是相應於經驗慣性的方便而已。在其中我們為時間與空間所困無法脫出，因此生老病死存滅與往返運動就成了我們生命中的重大問題，也因此我們的生命無法獲得絕對的自由。

佛法中的華嚴世界，經常被做為宇宙實相的範本。例如華嚴世界中，有所謂的「芥子納須彌」，一個極微

佛經中以「芥子納須彌」比喻極微小的空間可以含容無限的空間

小的空間能夠含容無限大的空間；及「互含互攝」的境界，這是顯示大小無限重疊映現的境界，就好像在虛空中有多重向度的空間存在，但又不破壞現前的三度空間一樣。它就像物體的前後左右上下都放著鏡子，結果映現出無窮無盡的像，但又不壞物體不二的本性。

在時間上，華嚴世界有所謂的「化長劫為短劫，化短劫為長劫」，時間可以無盡的濃縮，也可以無限的延長。在時間中自由的出入，倒轉、中止而毫無窒礙。如果說我們現有世界只是無限機率中的一種可能，那麼華嚴世界就是無限的或然，而不會破壞現有的可能。

在修行或禪定中，當智慧與定力圓滿後，我們的心完全自由，我們的能量是絕對性的，已入無可言說的狀態。這正好可以愛因斯坦的相對論比擬：時間與質量以反比增量或減量，而增減的決定因素在於速度。

因為速度的大小是由能量所控制，而心身絕對的自由就可任意控制能量，所以時空可任意變化，出入自在，無盡重疊幻現，修行境界中的「不動道場，身遍十方」也是在華嚴世界中「動」「靜」之間打破相對性後，以全體展現全體的實證。

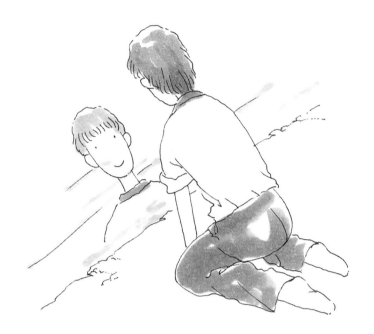

宇宙的實相，就如同在鏡中相映，和在水中的倒影一般

• 外境的和諧

　　真正的宇宙，就像在鏡中相映，或是水中倒影一般，我們心的實相正對我們展現出她的面容，所以，何不讓我們身心完全統一，跟整個宇宙統一，讓我們展現出最好的光明一面？

　　我們千萬不要與環境為敵，與外境為敵，與一切境界為敵；環境就如同我們的朋友一般，我們不要把自己的朋友當做耗費的對象。當我們與環境產生對立時，就

限制住自己了，讓我們這一個小我，永遠踏不出去。

如果我們看待外境時，以惡臉相向，這環境也會如同回聲一樣，她同樣回來恐嚇我們。

所以我們要把整個大自然、整個外境，整個宇宙、所有的外人、身旁的陌生人，都視為我們自己。

想想看，我們看每個人似乎都不同，但是當他們在一片電視牆上一起出現時，我們看到的是一面電視牆，她是統一的。我們不會專門看電視牆裏面某一個人跑來跑去，否則我們就沒有辦法看下去了。

我們必須統一的看待她。

每一個自我，其實就像我們身體裏面每一個細胞一樣。其實她是完整的展現，所以根本也沒有自我可得。

現在我們跟這整個外境，跟我們看的所有人，把她們當做自己統一的一部份。我們看待山河大地，也要溫柔的面對她。所以，當我們走路的時候，請大家溫柔的對待大地。我們沒有必要對她發脾氣，這樣只會傷害我們自己，只會反彈負面的能量而已。

我們溫柔的對待一切外境，這個世界就會用同樣的眼光來面對我們。我們將她當成是自己，我們當她是光明，她也當我們是光明，我們給她回饋，她就給我們補

助。所以，千萬不要與心、氣、脈、身、境為敵，要和她們統一，與她們銷融為一。從自心到宇宙到達最深沉的和諧，我們的生活就自然自在了！當下的一切都是清淨、光明、自在。

無有敵者，是從自心到宇宙最深沈的和諧

111
第二章　理論

PART·········③
方法

我們的身心乃至外境，應該是完全和諧統一的，只是被各種虛妄的煩惱妄想烏雲暫時蒙蔽了。現在，我們要讓自身從心乃至外境，達到身心的完全統一和諧。

　　以下的方法可以幫助我們達到這個目標。在禪宗，有所謂的「公案」、「參話頭」，經常以為人最熟悉親切的命題來參究，此刻，大部分的人最親切、切身的命題，應該是 SARS。因此，在本章的方法中，我們就以 SARS 為主題，來讓我們的身心達到光明圓滿。

　　本章所教授的各種修練的方法，都有共通的基礎，就是先讓身心完全放鬆、安住。

　　放鬆，除了身心的放鬆之外，還會繼續擴大到外境的放鬆，把主客體之間的「慣性力」鬆掉。

　　如果我們能夠放鬆自我執著，消除一切「自他」對立的慣性力，那麼我們與 SARS 乃至一切病毒，不再有敵對、恐懼的心，完全放下來，如此才是徹底增強身心的免疫力的根本之道。

放鬆禪法提昇免疫力

當我們的身心受到疾病的侵襲或是害怕受到感染時，都會呈現緊張的防衛狀態，但是這種緊張狀態，非但無法幫助我們提昇免疫能力，反而會耗損我們身心的能量，降低免疫力。

只有身心在完全放鬆安住的情況下，才能提昇免疫能力。現在，我們就來練習讓身心完全徹底放鬆的放鬆禪法。

• 調整身體

要開始練習放鬆禪法時，我們可以利用以下的小體操調整身體，使自己很快的能達到完全放鬆的境界。

1.將頭部、兩肩、兩手、胸腹、背、腰、臀部、兩腿、兩腳的所有關節活動一下，使之放鬆。

2.吐濁氣：配合以下的動作：

　(1)輕鬆站著，讓自己全身體都放鬆開來。（圖1）

　(2)讓自己的軀幹骨節，從頭開始，沿著脊椎骨一節

一節的放鬆向前往下掉。（圖2）

　　(3)骨節放鬆往下掉時，身體也漸漸向前彎下。此時，將濁氣以鼻子或嘴巴吐出，儘可能想像把全身的濁氣吐出，特別是沿著一節一節的脊椎骨，將脊骨的濁氣完全吐出。（圖3）

　　(4)身體彎到不能彎時，稍停一下；然後從脊椎的尾端開始，一節一節向上拉直。（圖4）

　　(5)一面拉直時，一面以鼻吸氣，吸入全每一個細胞。尤其是脊椎骨更要儘量吸氣，以氣拉直背脊。（圖5）

3.將上面深呼吸的動作（1～5），重複做三次。

　　接著我們正式進入放鬆的練習。

● 練習放鬆

　　身心完全放鬆下來，接著把身體內所有的濁氣，隨著呼吸全部吐了出來；可以用嘴巴，也可以用鼻子，自自然然的就像氣球洩掉了鬱積的氣息一樣，把所有的憂慮傾洩而出。

　　練習時全身要放鬆，身體不要緊張，讓鬱悶的氣息從口中、從鼻孔、從毛孔、從每一個細胞、每一條血管、每一根骨頭、每一個器官、每一寸肌肉，徹徹底底

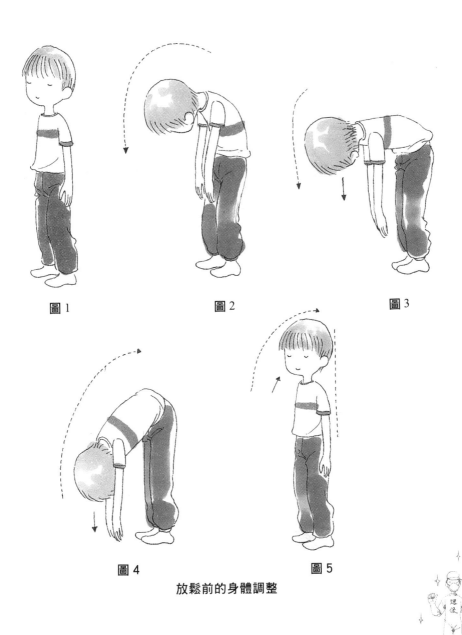

圖1　　　　　圖2　　　　　圖3

圖4　　　　　圖5

放鬆前的身體調整

的把鬱悶吐盡，讓自己的心完全的澄靜平和之中。

放鬆的要訣

　　放鬆，並不是硬把我們的肌肉撐開，那樣反而又讓我們緊張了，真正的放鬆，應該是像將一團受壓的海棉鬆開一樣，讓它自自然然就彈回去了。

　　我們的身心之平常就像被抓緊的海綿那麼緊張而不自知，所以當我們把身心像受壓的海綿一樣鬆開時，全身的肌肉就放鬆了。因此，放鬆就是把我們身心所有的壓力放掉，讓身心如海棉一樣自然鬆開，而不是加入另外一個放鬆的壓力。

1.讓身體像水、像風一樣放鬆

　　現在，我們就用自己最舒適的姿勢，全身上下把所有的壓力放掉。身體就像水、像風、像虛空一樣那麼輕柔，全身可以自由自在的呼吸。身體那麼的柔軟，晶瑩剔透，就像珠露一般的明亮，皮膚輕柔光滑順暢的，心靈全部放開，所有的壓力煩惱都消失無蹤了。

2.全身的骨骼像海棉一樣放鬆

　　全身放鬆後，開始想像全身骨骼全部鬆開，將骨骼一的緊張壓力釋放掉，而骨節也鬆開了，骨頭有如橡膠、海棉，氣球一般地放鬆而有彈性。

全身放鬆，從頭骨開始放鬆→肩膀→兩臂→兩手→手掌→十隻手指頭→胸骨→肋骨→肩胛骨→脊椎骨一節節地放鬆下來→胯骨→大腿骨→小腿骨→腳掌→十趾，讓全身的骨頭的壓力全部抽離，骨頭就像海棉、氣球一般完全鬆開。

3.想像皮膚與表面肌肉完全放鬆

骨骼放鬆之後，我們逐漸擁有柔軟而有力的骨骼，能更有效的支持與保護我們的身體。接下來，我們更進一步練習身體的表皮與外部肌肉的放鬆。

讓我們從頭部開始往下，逐漸的放鬆。

首先頭部的肌肉放鬆，就像海棉一樣輕柔有彈性→臉部肌肉→頸部肌肉→兩肩→兩臂→兩手肌肉漸次的鬆開→手掌→十指→胸肌→腹肌→背部的肌肉→腰部肌肉→臀部→大腿→小腿→腳掌→十趾肌肉完全放鬆。

此時，我們的身心極為喜悅、輕鬆。

4.想像全身腦髓、內臟與內部肌肉放鬆

現在我們要放鬆體內的肌肉與內部臟器，這個階段如果能練習的很徹底，則自然可使腦部與內臟完全放鬆，達到修道者所謂「三華（氣、精、神）聚頂」、「五氣（心、肝、脾、肺、腎）朝元」的高深境界。

雖然要達到這個境界，並非一蹴可幾，但是至少我們依此方法，能使我們的五臟六腑，內部器官、肌肉，解除壓力，完全放鬆，使之生生不息，能自然呼吸，達到前所未有的生命境界。

　　我們還是從腦部開始放鬆。

　　腦內腦髓全部鬆開→眼睛、眼球→內耳、中耳→鼻腔內部→嘴巴、舌頭、牙齒→頸部內部、喉嚨→肩膀內部肌肉→兩臂→兩手→手掌→十指內部肌肉→胸腔內部、肺、心、肝、脾、胃、腎等內部器官→臀部→大腿→小腿→腳掌→十趾內部的肌肉全都像海棉般的鬆開了。

5.想像全身各大系統與全身細胞放鬆

　　從體內的骨骼、肌肉、腦髓、五臟六腑放鬆之後，我們要進一步做更徹底、更深層的放鬆。此時，必須配合專注的觀想力，不僅讓我們的骨骼、肌肉、內臟得到前所未有的紓解外，更要深入一層使我們體內細緻的組織系統、經絡以及細胞，得到完全的放鬆。

　　經由此一階段的訓練，可以讓存積於體內的各種毒素、雜質，以及長期累積下來的緊張、壓力全部釋放出來，恢復我們原有的清淨與彈性。

我們從全身肌肉、毛孔→全身經絡→神經系統→呼吸系統鬆開→呼吸這時會變得十分細膩，氣機充滿全身分泌系統→循環系統。在極端放鬆時有無比之喜悅，感覺每一個細胞都放鬆開來。

・放鬆所有的呼吸系統：

讓自己全身的呼吸系統所有壓力解除了，從內向外放鬆，使呼吸變得更細、更綿密、更溫柔、更深、更順暢，每一個細胞都能呼吸，連全身毛孔都能呼吸，感覺到呼吸可以進入腦髓、內臟各器官，甚至到肌肉、骨髓、手腳、手指尖，腳趾尖。

・放鬆全身所有的神經系統：

讓所有觸覺的壓力消失，從體內到體外，所有的神經系統十分的放鬆、清晰、穩定而敏銳，就如同明鏡一樣清澈。

・放鬆所有血管：

讓自己血管的壓力解除，使血管柔軟、放鬆、富彈性而宏大，血液流動通暢而清淨。

・放鬆所有循環系統、內分泌、經絡：

讓全身的所有循環系統壓力解除，恢復自然功能，完全放鬆且有勁的運作，使全身的生命能量，自然傳

導，使每一個細胞再生與活化。但千萬要讓身心自然運作，不要刻意導引，以免產生壓力，使其功能減弱。

•放鬆頭部至兩腳的細胞：

從腦髓的細胞開始到骨骼、骨髓、肌肉、皮膚等等的細胞之壓力解除。因為心理意識壓力對細胞與內部系統影響極大，此時將細胞的控制與壓力解除，意識祇剩下完全的覺醒力，宛如明鏡一般，不要有任何的意識壓力加諸細胞之上。此時，每一個細胞完全覺醒、活化，感覺可以自由自在的放鬆、呼吸具有無比的生命力，除了相互之間的分工協調，增進整體的運作之外，每個細胞似乎都是獨立自主，擁有完全的自由意識，現在我們已經讓自己所有的細胞完全覺醒了。

6.觀想全身化成水的放鬆方法

我們現在要讓身體更加的放鬆，讓一切壓力消失，我們具有更大的自由與彈性，因此我們現在要透過水的觀想，來攝入宇宙中水大的力量。

首先想像全身的細胞逐漸化作白的雪花。當然，此時整個器官、內臟也整個變成一團白色的雪花。想像得越清楚，效果越好。

想像天上是無雲的晴空，陽光不斷的照耀。

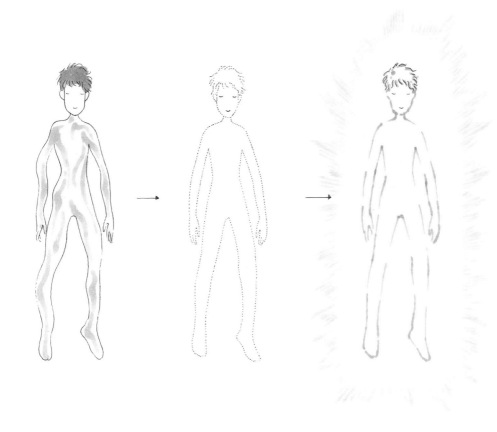

想像全身化為水氣→化為空氣→化為光明

在陽光不斷的照耀下，由白色雪花的細胞所構成的我們人身，開始變得晶瑩，即將逐漸融化。

漸漸地，我們的頭鬆融化成透明清澈的水。當觀想身體各部份融化成水的時候，還是保持著身體的形狀，就像透明的人形水球一樣。因為身體有保持形體的聚力，而使已融化的清水具有人形。

頭皮、腦殼、腦髓完全融化開，變成清水；腦髓的融化，是從腦的中心點，像水泡一樣向外融化，一個細胞就像一個小水泡一樣化開，然後全部融化。

從頭到腳，所有的身體、五臟六腑、骨骼、肌肉、細胞，全部化成清淨的水。

7.觀想全身化成氣的放鬆法

現在我們進一步，要把化成淨水的身體心靈提昇，使壓力更不能附著在我們身上，使我們的自由度與生命力更提昇，使壓力更不能附著在我們身上，使我們的自由度與生命力更提昇。因此，我們要使自己的身心完全氣化。

此時，我們化成的水形人，在無雲的晴空下，陽光持續的照耀，使化成水的細胞，不斷的接收能量。

我們不斷的接受能量，而直接蒸發化成氣體。在氣

化的過程，細胞不斷地吸收能量，但不必使水身溫度太過升高，才化成水氣。而是能量積在水身的每一個細胞，能讓水直接蒸發成氣體。

頭髮化成空氣，感覺頭髮化氣之後，跟周遭的空氣可以完全流通。

頭皮、腦殼、腦髓完全化成空氣：從腦的中心點化成空氣，然後像氣泡一樣，一個一細胞向外氣化，然後全部變成空氣。

從頭到腳，所有全身的五臟六腑、骨骼、肌肉、細胞，全部氣化了。

8.觀想全身化成光明

我們現在不只讓自己身體化成沒有實體的空氣，更進一步，使我們的身體充滿了宇宙的能量，化氣成光明，使身體成為光明身。我們的身體會像水晶一般的明透，太陽一樣的光彩，彩虹一般沒有實質，卻擁有無盡的力量。

9.觀想全身化成光明的放鬆方法

氣化之後，感覺從十方的宇宙光中，無限的光明，不斷的注入照耀在氣化的身體；由於全身已氣化成完全透明，所以光明能沒有障礙的注照。

由外光引發自身的光明，全身的每個細胞放出無限的光明。

全身都化成無量無邊的光明，讓此光明安住。

10.從光明中完全的覺醒

此時，我們的身體已完全化成光明，遍滿整個宇宙，全宇宙是無量無盡的光明。

此時，我們所有的念頭逐漸消失了，過去的念頭已經過去，未來的念頭還未到，現在的念頭念念不住。

所有念頭，都像虛空中的流星一樣，一個個消失了，現在我們連光明的感覺都不存在，但我們依然光明、宇宙依然光明，光明自然生起，自然顯現，不必再用心念觀想了。整個世界就像水晶一樣，無邊無盡的透明無色，卻充滿了無盡的光明。

現在所有的壓力完全消失了，我們具有自由自在的心靈力量。我們的身體、呼吸、心靈都是那麼放鬆自在。

我們現在要從放鬆禪法中覺起，從無念、無依、無住，毫無執著的自在生起心念。

我們現在將宇宙與自身所產生的無盡光明，全部收回自己的心輪之中。接著把眼睛張開，看看這個全新，而沒有壓力的世界。

我們輕輕的搖動身體，準備開始行動。也逐一按摩我們的頭部、頸部及全身。

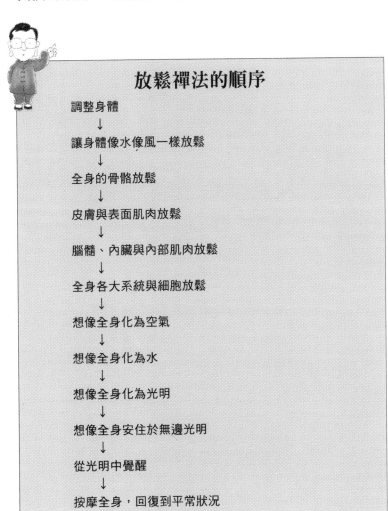

放鬆禪法的順序

調整身體
↓
讓身體像水像風一樣放鬆
↓
全身的骨骼放鬆
↓
皮膚與表面肌肉放鬆
↓
腦髓、內臟與內部肌肉放鬆
↓
全身各大系統與細胞放鬆
↓
想像全身化為空氣
↓
想像全身化為水
↓
想像全身化為光明
↓
想像全身安住於無邊光明
↓
從光明中覺醒
↓
按摩全身，回復到平常狀況

• 放鬆導引法

接著，我們可以隨著以下的導引方法完整的練習放鬆。

讓我們全身放鬆，像海棉一樣的溫柔

把所有的身心壓力放掉

只有最是無念的清明

讓我們觀想骨骼放鬆，如同海棉般的彈力

把壓力從身上移開，海棉的骨骼自然彈起

所有骨骼從頭到腳，一節一節的放鬆

全身像彈簧、像海棉，所有的壓力悄然無蹤

將皮膚與表皮肌肉放鬆

將腦、內臟與肌肉放鬆

從頭部到身體到雙足，所有的壓力都抽離了

就像海棉一樣恢復了彈性，徹徹底底的放鬆

讓全身的血管放鬆

所有的循環系統、內分泌放鬆

全身的經絡、神經系統放鬆

讓呼吸徹底的放鬆，全身都充滿了氣機

五臟六腑、所有細胞、毛孔都盡情歡喜的呼吸……

無比的喜樂，從心中生起

徹底放鬆身心，才能達到最有力的人生

每一個細胞都滿足的微笑

化身為最最輕柔的雪花

在無雲晴空陽光的普照伴奏

歡唱成了清澈的淨水

從頭到腳化成了清淨的水人

無雲晴空陽光的相續普照

淨水吸入了無盡的能量

於是歡悅的化成空氣

告別所有的壓力

氣化成了光明

就像水晶的淨透、太陽的光亮與彩虹的無實

完全成就了光明的身

全部的宇宙也只是無盡的光明

完全的在覺悟中所有光明的心念已逝

過去的心、現在的心、未來的心已逝

絕對的無念清淨，絕對的覺悟寂靜

只有法界與自身的光明自生自顯，圓美了永恒

從放鬆禪法中覺起，所有的光明收入心輪

無念、無依、無住的自由，讓我們只有歡喜的一心

沒有壓力的人，是最有力的人生

伸出雙手，光明的勇士
有著最快樂完美的慈悲方案

2 遠離疾病恐懼的禪觀

其實，恐懼最可怕的不是我們所恐懼的對象，而是
源於恐懼感自身。

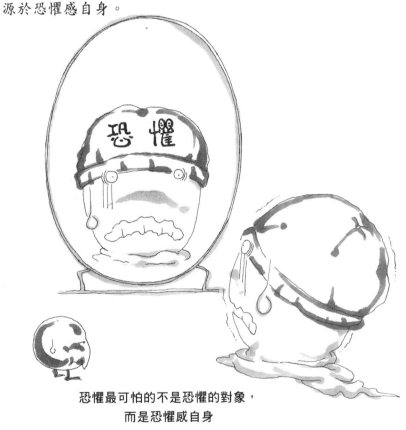

恐懼最可怕的不是恐懼的對象，
而是恐懼感自身

當 SARS 的疫情持續發燒時,幾乎獨佔了每天的重大新聞。大家看了報紙和新聞之後,害怕染上 SARS 的恐懼,感到連鎖在家裡也不安全;封院的激烈衝突,更使得人心惶惶,草木皆兵;發燒時,懷疑自已是否得了 SARS;聽到別人咳嗽時,也懷疑別人得到 SARS。

　　恐懼的情緒,經常以不同的因緣,從我們心的空際中鑽出來,面對 SARS,除了實際的感染機率外,各種未知的、不斷重複播放、誇大的負面訊息,使我們的心中充滿著被傳染、被隔離的恐懼。

• 恐懼的本質

　　其實,恐懼最可怕的不是我們所恐懼的對象,而是恐懼感自身。因為我們所恐懼的事,或許充滿了風險,可能會帶來不可測的危機,但恐懼自身,卻隨時為我們創造恐懼的對象,並且立即的侵害我們的身心。

　　病態的恐懼症,蘊含著深層的焦慮,讓我們無法面對真實,恰當的處理我們所面對的事情,而且透過心靈,時時的壓迫我們的生命,讓我們的心身萎縮不前,慢慢走向崩解。或許這種恐懼感,初始有保護自己的趨向,但最後的結果卻常常成為傷害自己的根源。

• 療癒恐懼的方法

我們可以運用大地的禪觀，運用大地的安穩，幫助大家遠離一切恐懼。

1.想像身心如同大地安住不動，含藏無盡

恐懼生起時，我們可以想像自己的心如同大地一般安穩

首先，我們想像自己的身心，就像大地一樣安住不動，就像大地一樣含藏無盡的寶藏，就像大地一樣平穩的承載萬物，就像大地一樣出生一切的希望。

　　所有的驚愕，在大地中，已經得到彌平；所有的恐懼，在大地中，已經得到安慰。

　　生生不息的無畏自信已經在心中滋長；歡樂幸福的光明，已經普照著無邊的大地。讓我們的身心，宛如大地般的平和溫良，我們的心靈安穩厚實，我們的身體完全的放鬆。把恐懼從我們的心靈、氣息、身體中，盡情的吐出，所有的恐怖壓力消失了，只剩下放鬆的身心，與大地完滿的融洽。

　　現在，我們就把身心歸零，回到最圓滿的胎藏世界，儲存生生不息，無盡的力量。

2.讓恐懼沈入大地

　　我們的身心是完全無畏的大地，沒有恐懼、緊張與莫名的恐慌，我們就是一切的和坦安然。把所有的恐懼的心意，放沉入大地的最深底，大地的無畏平和，能將恐怖的污穢，化做生生不息的養料，讓一切的生命再茁長。

3.以大地之心，明晰觀照

　　現在，讓大地療治了我們的恐懼，讓我們無畏的心

靈生起明淨、清澄、淳厚、實在，大地的心是如此的自在、有力、快活。

這時，我們的心境，十分的平和厚實，一心觀照著大地，所有的念頭都消失了，只剩下一片大地。我們此時所見的地相，宛如是鏡中或淨水中倒映的影像一樣，越來越明晰。

4.以澄靜的心，剝離恐懼的雜質

現在，我們的心平靜的觀照大地，沒有恐懼、不安，只有一心的喜悅厚實。

5.以宛如黃金明鏡的大地心靈，鑑照所有恐懼的心相

現在，大地的心就是我們的心，恐懼煩惱都已被調鍊清淨了。

我們用大地的觀想，療治了恐懼，現在要再用宛如黃金明鏡般的大地心靈，來鑑照所有恐懼的心相。

恐懼的本質是什麼？恐懼因何生起？恐懼與我們的心靈又有什麼關係？

當我們明心鑑照著這些往昔恐懼的事物時，卻發覺：這只是一件一件的事情，往昔的恐懼竟然會消失了。事件依舊在，只是無恐懼，可見得恐懼是如此的虛妄。

沒有什麼比明白的智慧、寬容的慈悲，更令人喜悅

了。大地的心靈，能承納一切，所有的事，已不再恐懼，我們將這些事件，納入了人生的基石，成為明日光明的經驗。我們不再恐懼，永遠光明、希望、勇猛、有力。

6.以大地之身來行動

我們的心，就是無邊的大地，無盡的含容與承擔，超越了所有的困難，將享受最甜美的成功果實。

我們從大地的觀想中覺醒，擁有大地的力量，現在以大地之身，來從事智慧與悲心的行動。

我們在行、住、坐、臥中，沒有恐懼，只有安和、欣喜、欣望。我們不只超越了恐懼，並且有力的幫助其他的人，來降伏恐懼的心靈。

我們自己從事大地的禪觀，也幫助他人從事這種無畏的觀想。

我們用最無畏勇猛的行動，走向人間，開創幸福的光明。

• 遠離恐懼的導引法

現在，我們將以上的方法，總攝成以下的詩句，讓大家可以依此來練習。

就像大地一樣的安住不動

於是恐懼的毒龍，只有愁眉不展的遠颺逃逸
像被朝陽吹逝的晨嵐，只留下似曾存在的回憶
我們是大地安住不動，
無盡的寶智，從心中暢快的揚升
身體快樂、呼吸快樂、心裏快樂
快樂的像大地　一切放下、放鬆，
放得好鬆、好鬆……
身心完全歸零，成了永恆的完整、完整
回到無盡的胎藏世界圓滿，大地是永遠的安慰
我們是無畏的大地，沒有恐懼、怖畏的污名
當恐懼、煩惱成了調鍊明淨心靈的燃料
把恐懼、煩惱御用成取樂的小丑
沒有憂心，因為一切都是光明的
我們的心早已與大地合成了定，調合出了智慧、悲憫
當下，大地的心王正差遣著大地的勇士
奔馳在無邊的大地，追逐著正恐懼逃逸的恐懼
我們的心靈，正開創著雄偉的大地功勳
從大地的禪定中覺起，我們正圓成智慧與慈悲的標的
舉重若輕的談笑
正顯著最細密、無畏、勇猛的行動

驅除恐懼的大地勇者

將自己的心、眾生的意，合成了未來世紀的願景

在廣闊大地之上啟建了幸福與光明

遠離恐懼，安住於幸福光明

3 遠離焦慮的禪觀方法

當SARS風暴引發之後，許多人因此產生「SARS」焦慮症，害怕自己染上 SARS，尤其是有發燒症狀者，更是嚴重。

而對周遭的環境，也憂心著坐在自己旁邊是否有帶原者，是否有殘存的 SARS 病毒，是否與帶原者在關鍵時間同到過一家醫院、診所、百貨公司……，是否需要被隔離……這種焦慮感帶給我們心中十分的煩躁、驚恐，讓我們心中用無比負面的情緒，降低身心的免疫能力。

焦慮感是心靈病態的恐慌症。由淺而深，可以從警覺、疑慮、憂慮、緊張、急躁、慌亂到焦慮等。

當我們的心靈不夠明覺安寧，而面對如此忙碌的現代社會，再加上負面資訊大量的傳播，使我們身心不堪負荷。例如這一段時間以來，媒體對封院激烈的衝突，以及疾病流行的恐慌，透過媒體不斷的重複播放，造成社會大眾極大的壓力。

我們常用無比負面情緒，
將心中的焦慮化為事實

　　在心靈壓力不斷急迫的擠壓之下，往往使人產生了深淺不一的焦慮感。在SARS風暴中，我們可以發現許多人產生焦慮的原因是：

　　1.大多數的民眾其實都還沒有真正直接被感染的的危險之前，有的人卻由於幻想自己可能被感染、被隔離的可怕情形而發生恐懼。

　　2.而有的人則是將可能發生的危險，過度的誇大，

並且誇張的相信其可怕的情境而產生焦慮。大部份對SARS的恐懼，源於我們對其無知。

3.面對事情，不經客觀的評估，就假想出最壞的情況。尤其是有發燒情況的人，最容易陷入SARS焦慮，這時大多數的人都不詳細了解SARS的各項病徵，及通報原則。

4.完全毫無自信，藉由誇大危險與焦慮，來逃避面對即將發生的事情。每天看著不斷播放的衝突畫面，使心中的恐懼慌亂更加發酵，使人處於極度焦慮不安的情緒中。

將心和引起焦慮的對象拉開，不受焦慮對象的控制

把心和焦慮對象分開

　　克服焦慮的第一步，首先要先把心定下來，不要隨著焦慮轉動。而我們要使心定下來，對一般人而言，比較好的方法，是立即將心拉開，不受焦慮對象的控制。而練習定心的方法。

• 療癒焦慮的方法

　　生命所存在的只有當下，不是過去、也不是未來。

　　生命是由無盡的當下所串連的痕跡，我們對未來所要做的，是使未來成為將來當下的好，而不是用未來恐嚇我們當下的生活自在，如果體悟了這一點，我們的生命將會更加成功。因此，我們不用焦慮，因為焦慮的是將來的遭遇，現在我們已準備好了，在未來納入了歡喜的現在。

1.完全放鬆身心，吐盡憂慮鬱悶

　　首先讓以最舒服的姿勢，身心完全放鬆下來接著把滿心的憂慮鬱悶，隨著呼吸全部吐了出來；可以用嘴巴，也可以用鼻子，自自然然的就像氣球洩掉了鬱積的

氣息一樣，把所有的憂慮傾洩而出。全身要放鬆，身體不要緊張，讓氣從口中、從鼻孔、從毛孔、從每一個細胞、每一條血管、每一根骨頭、每一個器官、每一寸肌肉，徹徹底底的把鬱悶吐盡，讓自己的心完全在澄靜平和之中。

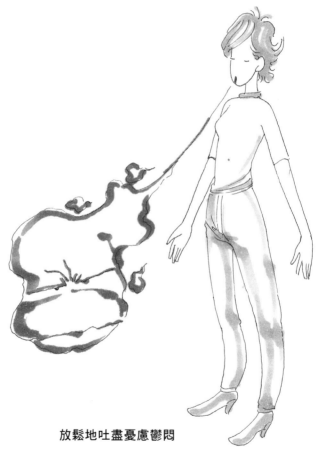

放鬆地吐盡憂慮鬱悶

2.細密深刻地感受呼吸

　　吐盡的憂鬱氣息，就像遮在明鏡上的灰塵，現在清淨了，我們的心完全明亮了。這時不要晃動我們的心念，讓自己的心自然安住下來，這時呼吸將會比平常吸得更深、更加的柔和。我們可以仔細的注意呼吸，我們的呼吸是如此柔軟、綿細的進入呼吸道中，我們感受到了呼吸的溫度，知道自己吸入的氣息是多麼溫暖，或多麼清涼。我們可以注意自己的感受，清楚的感受到自己的呼吸有多長、有多短、有多細密。

3.觀想柔和喜樂的氣息遍滿全身

　　你的心在氣息遍滿全身後，充滿了無盡的喜樂，所有的憂慮苦惱，彷彿寒冰被春風化開了，所有的壓力重擔，宛如隨著流水，漂逝而去。

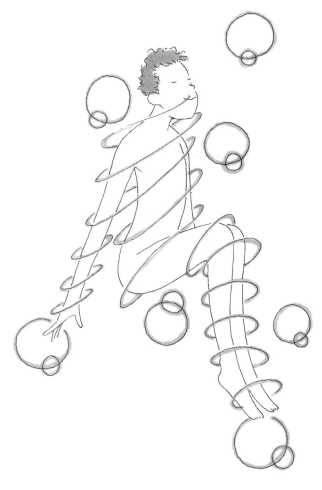

4.明照著所有的焦慮

　　現在用你明亮的心鏡，明照著所有的憂慮。此時你的心境依然清涼明朗，呼吸還是綿密細緻，沒有受到觀照憂慮的影響。所有的憂慮全部浮現在自己的心鏡之下，只是像明鏡照著萬物一樣，清清楚楚、明明白白，不要加入任何的情緒與解釋。現在只是要把自己的心病病徵，讓自己知曉，所以也不必有任何的恐懼與掩蓋，讓一切的憂慮在自己的心中浮現，而來對症下藥。

5.仔細寫下憂慮的告白

在清明如鏡的心中，仔細的觀照著這些憂慮。我們可以用心靈的探照燈，明照著這些憂慮。

以明鏡的智慧，照破憂慮的本質

6.以明鏡的智慧，觀照憂慮的本質

　　用清明如鏡的心觀照著憂慮，觀照著這種憂慮情緒的本質。觀照明晰這些憂慮的心情，是我們心中本來就有的，還是後來才附生在我們的心中？

　　如果憂慮是我們心中的本質，我們應當想要憂慮就可以憂慮，但看來並不是如此。我們仔細觀照之後，發覺憂慮只是附著在心靈明鏡上面的塵垢而已，是附加上去的，我們可以完全憂慮剝離我們清淨的心靈。憂慮既然是附加上去的，是外來的心靈病毒，我們當然可以毅然絕然地驅離它們，使我們的心靈恢復明淨。

7.用精進的因果觀察，超越憂慮

　　當我們超越了憂慮的心之後，事實上憂慮的事情已經單純化了。現在用清明的心鏡，清楚的觀照著，我們在此時才豁然發覺，原來我們憂慮的事情，不過是被憂慮這異形的心情，所寄生的軀殼而已。拋開了憂慮的心，我們事實求是的觀照事實，求取更圓滿的結果。

8.以清明的智慧，照破憂慮的烏雲

　　快樂、幸福、成功不是結果，而是一種過程，超越憂慮，相信自己心靈的力量，讓我們持續走在光明的坦途。

　　現在我們從清明的觀照中，發出沒有畏懼的開朗光明，照破憂慮的烏雲，讓我們的心中充滿歡喜自信，具備了無比的勇氣與力量。我們的心永遠年輕，我們把心做為畫筆，展開人間、世間的畫布，我們要彩繪自己的人生，擘畫出生命美麗的願景。

9.以行動落實無憂的新生

　　現在將從清明的覺照中開始行動了，行動是一切的保證，超越了憂慮，讓我們的心靈獲得了自在、自由。

　　坦然的生命大道，我們要以豪邁的人間行動來落實。超越自己的憂慮，也要幫助自己的父母、子女、配偶、朋友、同事及大眾，來超越憂慮的心。

• 遠離焦慮的導引法

　　我們將以下遠離焦慮的方法總攝成以下的詩句，大家可以依著其導引來練習。

　　輕輕的呼出焦慮

用最舒適的心靈、呼吸、身體

輕輕的呼出灰藍色的、混濁的、焦慮的心情

把身體打開、把呼吸打開、把心靈打開

讓鬱悶的氣息毫不後悔的流出

從口中、從鼻孔、每一個細胞、血管、肌肉、骨頭

……

豁然的心靈遠離了憂慮

只有很美、很美的心，在澄靜平和的心

吐盡所有憂鬱的氣息

清淨了心靈明鏡上的塵埃

我們原來的心就是那麼的明淨

輕輕細細的呼吸，那麼綿、那麼柔、那麼細密

深深的、和和的、柔滿的吸入了法界的清氣

氣息是清涼的、是溫暖的、是完完全全的覺知明了

多短的氣息、多長的氣息

在覺照的心靈當中，就宛如明鏡般的清晰

似有似無的細、柔柔的氣息……

到了心中、到了腹部、腰腿、手指、腳底……

驚喜的氣息為我們的身體、心靈

做最溫柔的按撫

遠離一切焦慮，成為自心的王者

152
沒有敵者

清朗明照的心中，已消失了焦慮

憂慮苦惱的家族，悄悄的換成無盡喜樂

寒冰被春風的氣息化開，壓力重擔隨著流水漂逝遠離

清覺的明照，就是柔和的光明

心月兒浮上了清空，我們只能常生歡喜

心靈與呼吸緊緊密密成了明亮心鏡

所有的憂慮幻影，在明鏡中變成無聊的遊戲

沒有情緒，只有一心的清明覺照

心在呼吸之上，心在心靈之上，心在無心之上

沒有煩惱、沒有憂慮、沒有痛苦……

我已覺醒，自由是我的訊息，自在是我的行動

我是自心的王者，威嚴的驅離憂慮，

永遠不准再入我的心中

只有幸福、光明、智慧、悲憫……才是我允納的心意

從歡悅的呼吸中覺起，

從清淨的定心中行動

我們心靈已完全療癒，

慈悲的勇者是我的名號

畫出人生美麗的願景，

發出了無比的宏偉心力

我及所有摯愛一切生命的歡喜，
從現在、到未來、到永恆，
共同燃起無盡的明燈火炬

SARS 圓滿成就法

　　祈願從現在直到永恆的未來，我們相互扶持，走向圓滿生命的彼端，共創圓滿生命的願景。

　　安定了不安的情緒之後，我們要更進一步與 SARS 攜手共進，一同邁向光明的演化。

　　以下的方法，不只適用於SARS，面對天花、霍亂，乃至愛滋病毒、炭疽病毒，也可以用以下的修法，甚至對體內的癌細胞或生病的器官，都可以用以下的方法，邀請他們共同邁向光明。

• 向 SARS 發出和平的訊息

　　當我們一聽到 SARS，最直接的反應往往是恐懼與防衛。現在，讓我們放下恐懼不安的心，向SARS發出和平的訊息，發出最深最真誠的誓言，相互共同圓滿生命進化的旅程。

用最真誠的心念

向您發出和平的訊息

我的心中沒有敵者

只有真摯精純的心

精誠的向您發出共生共榮的願望

祈願從現在直到永恆的未來

我們相互扶持

走向圓滿生命的彼端

就在當下！就在當下！

真心誠意的相互守護

這是最深的誓句

我們共創圓滿生命的願景

我守護著您

你守護著我

用最相互調和的 DNA

圓滿這生命進化的旅程

• 觀想 SARS 化成光明

確立了共同圓滿的心念之後，接著我們要把對SARS

156
沒有敵者

陰暗的恐懼，化成光明。我們可以取 SARS 病毒的圖片，看著他，觀想 SARS 的光明就如同水晶一般的透明，像彩虹一般沒有實體，想像這個光明是宇宙中最柔和、清淨的光明，為我們帶來喜悅、能量。

用清晰安和的心意

觀注著您的容貌

仔細觀察著您那生命不可思議的舞蹈

SARS 的生命之舞

慢慢的化成了最空的寂靜

剎那時　您已舞出了法界體性

舞出了無盡的光明

看哪！

SARS 的光明就像水晶的透明

像彩虹舞出沒有實體

的純粹光明

無數的 SARS 是無數的光明

這是生命無盡昇華的進化之旅

SARS 就是宇宙中最柔和清淨的光明

任何的身體

任何的地方

觀想 SARS 化成光明

SARS 的光明之舞

帶來了無盡喜悅、安康、能量

SARS 圓滿的化成了光

守護著我們

帶來了　健康、覺悟

快樂、慈悲

SARS 是最清淨的光明

• 觀想 SARS 成為光明的護法守護我們

　　觀想SARS化為清淨的光明之後，接著我們要祈請被稱為「病毒之王」的SARS病毒，能成為人類身心的守護者，祈願SARS能如同堅固守護一切眾生的大白傘蓋佛母，以無比威力的光明傘蓋，守護一切生命。

　　大白傘蓋佛母是由一切如來頂髻所化現的佛母，而在人間現起的因緣，則是由釋迦牟尼佛頂髻所化現。傳說，有一次帝釋天王和阿修羅發生戰鬥時，帝釋天落敗，於是帝釋天前去向佛陀請求救護，於是佛陀即從頂髻上，現起了千臂千眼的大白傘蓋佛母，巨大無與倫比，因此阿修羅軍隊嚇得落慌。

　　而在《首楞嚴經》中，也記載大白傘蓋佛母的事

觀想 SARS 成為光明的護法守護人類

蹟，由於佛陀的侍者阿難尊者被摩登伽女幻術所迷惑，將毀戒體，佛陀悲愍其故，於佛頂化現化佛宣說神咒而救護之，此神咒即是楞嚴咒也就是大白傘佛母神咒。

由此可知，大白傘蓋佛母是由佛頂所現起的大悲守護，是佛陀大智、大悲的具體示現，來守護一切眾生。

在此我們祈請具有廣大威力的SARS病毒，能轉為人類的護法，使我們身心不再受到病毒的侵擾，直到究竟圓滿！

用平和柔軟的心

向您祈願

用溫柔謙卑的心

向您祈請

在慈悲與智慧的心靈注照下

您轉化成了光明

就像日月光明一樣

照亮了人類的生命

透過您　我們成就了自省觀照

透過您　我們昇華了生命

現在一心看著化成光明的您

成了人類依怙

守護著人類

在生命的無盡旅程中

進化成更圓滿的生命

向 SARS 護法成為光明的守護者　祈請

祈願　您成為

就如同大白傘蓋般的光明

覆罩著我們的身形

透過您　柔和的智慧與慈悲的威力

讓人類的身體不再受到所有病毒菌及各種疾病的侵擾

常保安康強健

讓人類的心靈不再驚恐　不安

安住在歡喜吉祥的心情

讓人類具足無上的智慧與慈悲

昇華進化成無上圓滿的生命

就是這樣　一心的向您祈請

人間及所有世界成了幸福光明的淨土

讓我們共同成了如來

讓 SARS、人類及所有的眾生都成了無上圓滿的佛陀

在此　一心的向您祈請

• 觀想 SARS 成了佛

　　當 SARS 轉化為生命的守護者之後，我們要更進一步思惟，SARS 的光明是遍照的光明，我們的心也是遍照的光明，全宇宙、全法界也是遍照的光明，都是大日如來遍照光明的身形。

　　許多遍照光明的 SARS 佛，合成一尊尊光明遍照的佛身，於是無盡的 SARS 光明佛，全都合成無比光明的遍照佛，一切世間成為清淨的佛土，一切人類及眾生成了佛陀。

　　　一心觀照法界現空

　　　從燦然不可中

　　　照見 SARS 現前化成了無比清淨光明的虹光身

　　　就像千百億個太陽般明亮

　　　比水晶更加的明透

　　　宛如彩虹般沒有實體

　　　這就是遍照的光明

　　　SARS 的光明是遍照的光明

　　　我們的心也是遍照的光明

　　　全宇宙、全法界都是遍照的光明

觀想 SARS 成了佛

164
沒有敵者

這就是大日如來遍照光明的身形

觀照每一尊光明的 SARS

化成了清淨的佛身

許多遍照光明的 SARS 佛

合成了一尊尊光明遍照的佛身

於是無盡的 SARS 光明佛

全都合成了無比光明的遍照佛

一切的吉祥圓滿　就此成就

一切的世間成為清淨的佛土

人間淨土圓滿

SARS 如來現成了

一切人類及眾生成了佛陀

這是在宇宙中最歡喜的時節

就這麼觀照 SARS 成了佛

SARS 佛

您應當十分歡喜噢

・為 SARS 風暴中的病人祈願

接著，我們要為 SARS 風暴中染病的患者祈願迴向。

首先，我們要了知疾病是生命中不可豁免的因緣，

而這個因緣也是暫時的，必然會過去。

因此，我們祈願SARS患者，乃至一切病者，都能迅速恢復健康，不只身體不再病痛，心靈不再憂傷苦惱，能圓滿具足智慧與慈悲，讓慈悲的光明普照，所有的SARS、人類與一切生命都進化成最圓滿的佛陀。

在生命中的暗夜中行路

遭遇了偶然的意外

在 SARS 風暴中

捲入了病痛

黑暗必然要過去

一心的祈願 SARS 病人及所有的病人

都能迅疾痊癒

祈請大家的身心安康

一切吉祥安樂……

祈願所有的 SARS 病人及所有的病人

迅速的痊癒

不只身心安康

並且具足了慈悲智慧

讓身體不再病痛

我們可以每天為 SARS 風暴中的病人祈願

心靈不再憂惱

一切智慧圓具

慈悲心明普照

讓 SARS 的風暴

吹響生命進化的號角

讓人間成為淨土

所有的 SARS、人類與一切生命

都進化成最圓滿的佛陀

這是全佛的宇宙、全佛的法界

願 SARS 與我們都成了佛

• 為 SARS 風暴中往生的 SARS 及人類祈願

　　除了生者之外，我們也要為在SARS風暴中往生的 SARS 及人類祈願祝福，無論是 SARS，或是人類的醫者、病者，在時空的軌道上，都留下了生滅的記憶。

　　讓我們一心祈願，往生的人與 SARS，都能安住在光明的樂土，永遠不再病痛、苦難，在淨土中成了佛陀，也幫助所有的生命都能圓滿成佛。

我們可以為 SARS 風暴中往生的病人祈願

一連串人類的名字

充滿了偉大的悲悽

從發現 SARS 的烏爾巴尼醫師開始

銘記著無數醫者、病者的故事……

他們往生了、安息了，記錄著哀慟與感傷

一連串 SARS 的身體

充滿了未明的宇宙符號

雖然沒有名字

卻銘刻在時空的軌道

他們寂滅了、轉化了，留下了生滅的記憶

在這廣大的時空劇場

SARS 與人類那麼偶然的因緣際會

發出不可思議驚人事蹟

宇宙史正客觀的記載著這段事實

卻容我們一心的祈請

願往生的人與 SARS

都能安住在光明的樂土

永不再病痛、苦難

只有幸福的光明永續

祈願　在這次偶然相遇中

意外的往生者

不管是人或 SARS

只有光明　不再憂傷

安住在清淨的國土

在淨土中成了佛陀

幫助所有的眾生也成證無上菩提

5 SARS 自他互換法

將自身與他人的角色互換之後，更能體會彼此的感受，增長我們的慈悲與智慧。

在這次 SARS 的風暴中，由於恐懼與無知，使我們不僅受到病毒的侵害，更彼此相互傷害。

一般社會大眾視隔離者、染病者如同蛇蠍，過度的恐懼和防衛深深地傷害了彼此。

而被隔離者和 SARS 病人，也覺得被感染好像受到大家的歧視與不諒解，如果我們能用慈悲的同理心，自他互換的立場，就比較能體會彼此的感受，而此時正是增長我們慈悲的契機！

• SARS 病者的修持法

如果是一個得了 SARS 的病人，可以想像，假如自己是健康的人，要如何珍視並好好守護自身，並祈願祝

福一切SARS病人乃至所有的病人，都能早日康復，不再受病苦的折磨。並進一步祈願使所有的人、SARS，乃至一切生命，都能成為光明圓滿的生命。

現在如果我是健康的人

將如何面對 SARS 及 SARS 病者？

是否我能不恐懼、驚慌

而是以智慧觀照

並且謹慎細心的防護自己

讓他們安適的度過 SARS 風暴

重拾健康歡喜

如果我是健康的人

我將銘記健康平安的可貴

也祈願世間的一切病者

安康體健　不再受到疾患的糾纏

我將永護健康安適

讓所有的人與病者

不再有病苦的折磨

如果我是健康的人

假如我是 SARS 病人，
我將祈願一切生命永遠健康，
不再有疾病苦惱

祈願讓自己及所有人的身體再進化

讓人類及所有的生命

永遠的健康強健

不再有疾病的苦惱

具足無量的壽命

如果我是健康的人

祈願自己及所有人的心靈圓滿

讓人類及所有的生命

永遠平安喜樂

不再有恐懼、不安

心靈永遠溫和、勇健、吉祥

如果我是健康的人

祈願自己及所有人的智慧無上

讓人類及所有的生命

永遠能觀照實相

不再痴迷昏亂顛倒妄想

自心永遠光明無盡

如果我是健康的人
祈願自己及所有人的慈悲廣大
讓人類及所有的生命
永遠能平等體貼的接納同為一體
不再有惡意的排斥、傷害
自心永遠無分別的幸福溫暖

如果我是健康的人
一定要讓人類永遠康健
所有的人、SARS、一切的生命
都將成為光明的圓滿生命
也讓世界成為永遠幸福的樂土

• 健康者的修持法

　　如果是一個健康的人，可以觀想假如自己染上
SARS，必須被隔離治療的情境，他人恐懼的眼光……，
此時，我們才能體會被如此對待的感覺，也能使我們發
願守護一切疾病者，乃至健康者，成為光明圓滿的生命！

　　如果我是 SARS 病人

將如何面對 SARS 及健康的人？
是否我能不恐懼、驚慌而是以智慧觀照
用慈和寬容來面對 SARS 及健康者，
其且謹慎小心的保護大家
讓自己儘速康復
也祈願大家平安的度過 SARS 風暴

如果我是 SARS 病人
將如何面對 SARS 及健康的人？
我將銘記健康平安的可貴
也祈願世間的一切病者
安康體健　不再受到疾患的糾纏
我將永護健康安適
讓所有的人與病者
不再有疾苦的折磨

如果我是 SARS 病人
祈願讓自己及所有人的身體再進化
讓人類及所有的生命
永遠的健康強健

祈願世界成為幸福的樂土

不再有疾病的苦惱
具足無量的壽命

如果我是 SARS 病人
祈願自己及所有人的心靈圓滿
讓人類及所有的生命
永的平安喜樂
不再有恐懼、不安
心靈永遠溫和、勇健、吉祥

如果我是 SARS 病人
祈願自己及所有人的智慧無上
讓人類及所有的生命
永遠能觀照實相
不再痴迷昏亂顛倒妄想
自心永遠光明無盡

如果我是 SARS 病人
祈願自己及所有人的慈悲廣大
讓人類及所有的生命

永遠能平等的體貼接納同為一體

不再有惡意的排斥、傷害

自心永遠無分別的幸福溫暖

如果我是 SARS

一定要讓人類永遠康健

所有的人、SARS、一切的生命

都將成為光明的圓滿生命

也讓世界成為永遠幸福的樂土

　　SARS來訪人間，讓我們發現自己的健康如此脆弱，心靈如此脆弱，在面對SARS疫情的衝擊時，處處顯現出生命的漏洞，恐懼、慌張、憤怒。以上的方法，從身心的徹底放鬆，到平息恐懼、焦慮的方法可以有效提昇我們的身心免疫能力，而SARS圓滿修持法，更能進而使一切病者、健康者，乃至SARS等所有病毒，一切生命都共同進化至光明圓滿！

PART········④

保健防疫

SARS 來襲，保健升級

　　正確的防護並非源於恐懼，而是了解SARS與人類和諧相處之道，讓身心保健升級！

　　人類歷史上任何瘟疫的流行，都會使整個社會做重大的調整，包括人類的觀念和行為。

　　以現在的抽水馬桶為例，就是因為當時霍亂的流行，英國人改良研發出來的，當初還遭到法國人的嘲笑，但是現今卻成為現代人生活的基本配備。

　　在SARS疫情持續擴大的這段期間，大家對自身及環境的衛生意識迅速的提昇了，為了要避免SARS病毒從手、口、眼、鼻進入體內，勤洗手的好習慣終於能確實的實踐，而進出醫院等各種密閉空間的場合，也幾乎人口一罩。尤其是餐飲業者，現在都被要求戴上口罩，對消費者而言，在飲食衛生上有了更多的保障。

SARS 來襲，使大家對自身及環境的衛生意識迅速提昇

醫護人員的隔離設備更加受到重視，各種先進的環境淨化科技產生，也如雨後春筍般出現，其中以「光觸媒」的例子最為明顯。

　　光觸媒（Tioz）是一種催化劑，擁有製造氧化威力強大的氫氧自由基能力，使其具有抑菌、殺菌、無毒性、脫臭、親水性、自淨性等特性，讓光觸媒成為理想環保產品。

　　在日本，光觸媒被大量運用於公共建築、居家環境及交通工具等，淨化消毒。

　　面對 SARS，除了不畏懼之外，我們要有更積極的想法，趁著這次 SARS 的來訪，讓我們對個人的衛生習慣更注意，對環境的衛生更加警覺，因為 SARS 的緣故，大家「被迫」養成良好的衛生習慣，好好照顧自己的身心。

　　這種正確的防護，並不是源於恐懼，而是對緣起的尊重，了解 SARS 與人類相處的和諧之道，在合理的防護下使自己更健康，更不容易生病。

　　經過這番演練，人類的身心將有更好的條件來面對未來更多病毒、細菌的挑戰。

　　SARS 來襲，讓我們更審慎去觀察自身的許多習慣，

哪一些是可能導致的疾病的，是應避免的，哪一些是有
益健康，必須養成的。

2 勤洗手的好習慣

　　洗手是預防各種傳染病最重要的衛生習慣之一。

　　養成個人的健康習慣勤洗手是第一步，進出家門、辦公室、教室、搭乘公共交通工具，如捷運、公車、計程車等都需要洗手，以清潔可能在外界碰觸到的各種病菌，大小便後都要洗手，以避免由糞便傳染。

　　正確的洗手應分為「溼、搓、沖、捧、擦」五步驟，如圖：

　　洗手可以說是提高個人衛生，預防傳染病最簡單而且最有效的方法，尤其在 SARS 流行期間，專家們更是大力提倡洗手的重要性。其外，洗手更預防 A 型肝炎、桿菌性痢疾、傷寒、腸病毒等傳染病最重要的衛生習慣。

　　什麼時候需洗手呢？

　　一般建議洗手的時間為如廁後、進食前、咳嗽及打噴嚏後、處理食物前、摸完寵物後、處理過排泄物或呼

1.溼：打開水龍頭將雙手沖溼。　　　2.搓：用肥皂仔細搓洗雙手，除了手指、手掌
　　　　　　　　　　　　　　　　　　外，指甲縫和手腕也不能忽略，過程至
　　　　　　　　　　　　　　　　　　少需 15 到 20 秒。

3.沖：用清水將手上肥皂沖淨。4.捧：雙手捧水沖洗水龍頭。　5.乾，再用擦手巾關閉水龍頭。

正確的洗手方法

吸道分泌物後、從外面返回住家或辦公室時、及任何時候手部髒時。一天最好能洗手10次以上，常保清潔衛生。

洗手除了基本的正確程序之外，還要注意以下的事項：

1.最好使用溫水：38～42℃的溫水比冷水較有清潔效果。

2.去除手部首飾：如手上載了戒指，會使局部形成一個藏污納垢的特區，難以完全洗淨。

3.要使用肥皂：效果比單獨用水洗要好得多。

4.時間 30 秒：洗手時間至少約需 30 秒，才能達到有效的清潔。

5.沖洗乾淨：在整個沖洗過程中，雙手須保持比較向下的姿勢，以避免逆流回未洗的手肘部位。

6.使用擦手紙：最好不要使用毛巾，因毛巾容易潛藏細菌，易將洗淨的雙手沾上細菌。擦手紙使用完暫勿丟棄，可用來關閉水龍頭或開門，避免剛洗淨的手又碰觸公共物品表面而沾染細菌或病毒。

7.指甲須減短：洗手不能忽視容易沾染致庰菌的指甲、指尖、指甲縫及指關節等，指甲縫並須隨時保持清潔。

• 飲食的衛生好習慣

·用餐前洗手，或是以 75 %的酒精消毒。可用酒精棉片，或是將調製好的酒精裝到小型的噴液式瓶中，隨身攜帶，隨時可取出消毒。

·盡量避免食用冷盤食物。

用餐時應注意到下列幾點：

·用餐環境保持空氣流通。

·使用公筷母匙。

·注意食物和用餐環境的清潔。

·食物盡量分食。

·外食時，應注意廚師及服務人員是否戴上口罩，確保衛生。

3 自護護他的好工具
——口罩

　　口罩是自護護他的好工具，除了能保護自己不受他人的傳染，也能使自己的病毒不會傳播到別人身上。

　　記得在台灣SARS疫情在台北蔓延時，當時大家還未有警覺，只見無論是記者會中或是各種會議場合，台北市前衛生局長邱淑媞女士都是罩不離口，她並向大家說明，這是由於她一天到晚都處在和SARS相關的環境中，為了保護大家的緣故，所以要隨時戴上口罩。口罩不但能保護自己，也能保護他人。

　　什麼人應該戴口罩？什麼場合應該戴哪一種口罩？台北市衛生局所列出的標準如下：

1.應戴 N95 口罩者：

　　⑴照顧SARS病患之醫護人員（操作檢體或其他與病患之體液或分泌物接觸之動作）時，應以戴 N-100 之口罩為宜。

(2)搬運、處理 SARS 病患之相關人員。

(3)處理 SARS 病患屍體之人員。

(4) SARS 病患遺體解剖相關人員。

(5)進入 SARS 感染院區服務之相關人員。

(6)自己感覺到有暴露於 SARS 病患中之虞者。

2.應戴一般外科口罩者

(1)有呼吸道感染症狀者。

(2)有照顧呼吸道感染病人。

(3)居家隔離者：如從病例集中區回來者、出院後之
SARS 病患、或曾與 SARS 可能病例或疑似病例有過密
切接觸者（由最後接觸日起算）之十四天內均要戴上口罩。

(4)到醫院探病者或到診所求診者。

(5)低危險醫療場所之醫護人員。

(6)處理食物的工作人員。

(7)大眾交通工具從業人員。

(8)醫療廢棄物處理人員。

3.建議戴一般口罩者：一般民眾處於人多密閉之場所時
可戴一般口罩。

如果是在空曠處或不可能與他人飛沫近距離接觸的
場合，就不須戴口罩。

1.戴眼鏡者先取下眼鏡，左手將口罩套在口鼻　　2.再將下方的繩子套上。
　上，右手將上面的繩子套在頭上。

3.確定口罩有無套緊口鼻。　4.雙手調整鼻梁片，使其恰好處5.用兩手掌覆蓋在口罩上進行密
　　　　　　　　　　　　　　　的服貼在鼻梁上，保臉部與口　合測試，用力吐氣，若不會有
　　　　　　　　　　　　　　　罩確實密合。　　　　　　　　空氣沿邊緣漏出，即完成戴口
　　　　　　　　　　　　　　　　　　　　　　　　　　　　　罩的動作。

口罩的正確方法

4 環境衛生的好習慣

　　住家及辦公環境是我們一天生活中最長時間身處於其中的地方，因此環境的衛生尤其重要。

　　在居家及辦公環境上，我們必須注意到幾項原則：

　　·常洗手，這是回到家第一件要做的事，如果可以的話，不妨在家中或公司入口處置按壓式 75 % 酒精，讓進來的人立即洗手。

　　·搭乘電梯時，除了戴口罩外，儘量不要交談。

　　·按按鈕時，不用手指頭碰觸，而改以左手握拳，以無名指關節按觸，或可用棉花棒按完即丟。

　　·進入密閉空間時，如電梯、百貨公司、銀行、郵局時，記得戴口罩。

　　·出外時，儘量不要以手直接碰觸外物，尤其是電扶梯扶手，如果怕危險，也可戴拋棄式手套，用完即丟，萬一真的沒辦法，也要注意摸完電扶梯時，雙手千

萬不要推眼鏡、摸臉揉眼睛等，或是取食，最好先去洗手或消毒。

・勿囤積垃圾，最好經常倒垃圾。

・公眾器物，例如：電話、門把、座椅等必須勤加消毒擦拭。

・廁所需保持乾淨，定時消毒。

・儘量維持空氣的流通及環境的清潔。

・避免出入人多、密閉空氣不良的場所。

此外，最常見的環境消毒的方式是以漂白水消毒，若有需要，環境設施（包括傢具、公用電話及廁所設備）應定期清洗或拭抹（至少每日一次），使用經稀釋的家用漂白水，使用漂白水清潔後，應用清水沖洗及抹乾。

目前市售的家用漂白水，其成分多半為「次氯酸鈉」，濃度依廠牌標示而定。建議稀釋倍率如下：

(1)如果是清洗手部及一般器物、傢俱等擦拭，通常使用稀釋至濃度為 0.01 ％～0.05 ％之漂白。調配方式：以濃度 6 ％漂白為水例，需稀釋 120 倍，即每 1cc 漂白水加 120cc 的水，不同濃度則依此比例調整。

(2)清洗大型客車車箱或其他公共場合，可使用 1 ％

漂白水擦拭表面。

　　⑶清洗嘔吐物，則需使用 5 ％之漂白水。

• 搭乘交通工具的衛生好習慣

　　‧如捷運、客運、公車、火車時，務必要戴上口罩。

　　‧搭乘計程車時，先看司機先生是否戴口罩，自己也要記得載，上車後記得打開兩側車窗讓空氣對流。

　　除此之外，一般常見的幾個個人習慣，也容易造成病菌進入體內，如：揉眼睛、挖鼻孔、咬筆桿、以手取食前雙手未洗淨或消毒，都是不良的衛生習慣。

　　有了良好的衛生習慣為基礎，在身心方面也有提升免疫力的好方法。

1.挖鼻孔   2.揉眼睛

3.未洗手、消毒前直接取食   4.咬筆桿

容易造成感染的不良衛生習慣

提昇免疫力的良方

　　均衡的營養和運動、靜坐，都是提昇身心免疫力的好方法。

　　美國匹茲堡大學研究指出，良好的社交關係，有助於對抗壓力，減少壓力荷爾蒙，影響免疫細胞功能。個性開朗的人不但不容易感冒，免疫功能也比內向的人好20％。

　　一般而言，增強免疫能力的健康生活習慣，從簡單幾個方面著手就可以做到：

　　1.均衡的營養：三餐定時定量，各類營養均衡攝取，多吃蔬菜水果。

　　2.良好的睡眠品質：研究證實，良好的睡眠品質會使人體的免疫功能提升。最重要只要睡眠品質好，時間不一定要長，醒來後覺得精神飽滿。

　　3.運動：養成每天運動30分鐘的好習慣，對於體力

和免疫力的增加很有幫助。到郊外走走、爬爬山也算是運動;這不但活絡筋骨、增強抵抗力。

4.不亂服用抗生素或成藥。

5.避免抽煙、酗酒等不良的生活習慣。

靜坐、放鬆、瑜伽等練習,也能使身心放鬆安住,提昇免疫力。

美國免疫力專家封莉莉博士提出以靜坐來預防SARS。越來越多的證據表示,人在壓力、緊張的情況下,免疫功能會受到抑制,而在放鬆的狀況下,免疫功能會增強。

封教授稱靜坐的狀態為「清醒的放鬆狀態」,這種狀態可能免疫功能增強。她並曾對此進行實驗,發現靜坐之後,能使細胞壽命延長,抗病毒的基因也增加了許多。

靜坐、放鬆是提昇免疫力的好方法

PART·········⑤

附錄

1 人類與病毒交會的年代

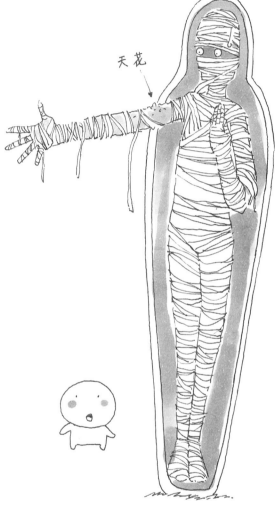

天花

公元前一五八〇～前一三五〇年

埃及石碑中有小兒麻痺患者的圖繪

　　人類與病毒淵源的歷史可以追溯到西元前，埃及第十八王朝（西元一五八〇～前一三五〇年）傳下的石碑中就描繪著小兒麻痺（polio）患者所特有瘦小的腳。

公元前一一五七年

　　埃及木乃伊的皮膚上發現天花

早在公元前 1157 年，埃及木乃伊的皮膚上就有天花的痕跡

在西元前一一五七年死亡的拉姆塞斯五世（Ramessu Ⅴ）木乃伊的皮膚上，也可發現許多天花（smallpox）的「痘疱」。

公元三二二年　中國爆發疫病，造成全國人口二～三成死亡

中國醫藥著作中，可以找到這種疾病的描述，根據名醫葛洪（西元二八一～三六一年）的著作中記載，這種疾病很可能是天花。

十四世紀中葉　義大利爆發黑死病，海港出現隔離措施。

十四世紀中葉，現今義大利中部托斯卡尼一帶爆發俗稱黑死病的鼠疫。十五世紀末和十六世紀義大利城鎮和海港出現隔離措施。從黑死病疫區抵達威尼斯的船隻需在碼頭隔離四十天。

一五二〇年　天花在墨西哥大流行，成爲阿茲特克帝國滅亡的主因

一五二〇年，某個奴隸在古巴感染了天花後來到墨西哥。這場傳染病結果奪走了半個阿茲特克帝國的人口，連皇帝也難逃一劫。

這場神秘的傳染病專挑印第安人而放過所有的西班

牙人，這使得印地安倖存者也信心全無，認為這莫非是上帝的旨意？當時墨西哥人口本有二千萬，到了一六一八年陡降到一百六十萬。

公元一七九八年　　金納博士發明天花疫苗

英國的金納為了拯救患天花的少年，便將牛痘膿接種到少年手腕，他認為「擠牛奶的女性絕大多數都由牛傳染牛痘，雖然手會長痘疱，但痊癒之後並不會感染天花。感染引起牛痘的病毒或許可以產生對天花的抵抗力。」

母牛的拉丁語叫「vacca」，金納於是沿襲此語將接種的牛痘膿稱為「疫苗」（vaccine）。到目前為止預防接種所使用材料的總稱也叫做「疫苗」，這是因為巴斯德為了要對金納表達敬意所建議的。

一八三七年　　天花病毒隨著殖民者的足而來，侵襲印地安部落，造成印地安民族幾近滅絕

天花病毒侵襲印地安部落。例如，十九世紀北美大平原上有一支曼丹族，他們是有高度文化的印第安部落。一八三七年，有艘從聖路易沿著密蘇里河開來的汽船帶來了天花病毒。不到幾個禮拜，原來有二千人的曼丹族一下子變成了不到四十人。

沒有敵者

十九世紀中葉 美國西部遭天花感染的印地安人，將
病毒散播到個自的社區

天花重創美國西部印第安人區，部落被迫大搬家，
送到很遠的地方。染病的印第安人集中在加拿大西部的
維多利亞島，但是當時未有隔離的觀念，因此他們後來
被驅離，但並未被隔離，結果把疾病播到各自所居住的
社區。

一八八〇年 法國查爾斯—路易—阿峰斯、拉瓦洪發
現非細菌性病原體

法國物理學家查爾斯—路易—阿峰斯・拉瓦洪（Char-
les-Louis-Alphonse Laveran）把引發瘧疾的微生物隔離出
來。他隔離出來的微生物是一種原生動物，也是最早發
現的非細菌性病原體。

一八八一年 路易斯・巴斯德研發出第一個人造疫苗

為了防治炭疽桿菌傳染病（anthrax，一種會讓人和
家畜致命的疾病），路易斯・巴斯德研發出第一個人工
製造疫苗。

巴斯德利用特製的三角瓶進行實驗，確認了「東西
腐敗的現象絕非自然發生，而是空氣中飄浮的微生物進
入所發生的結果。」傳染病是病原體所引起的，此點已

得到證明，病原體減毒化之後得到的就是疫苗。

　　美國醫生喬治・史登伯格（George Sternberg）找到引發肺炎的肺炎雙球菌。

一八八五年　　微生物學家巴斯德發現狂犬病毒的疫苗

　　微生物學家巴斯德（Louis Pasteur）開發出狂犬病毒的疫苗。巴斯德得到了金納的啟發，開發出狂犬病毒等疫苗來。金納與巴斯德都在不知道病毒存在下製造出疫苗。

一八九一年　　牛瘟席捲非洲，使大量牧牛、羚羊及野生動物死亡

一九〇四～一九〇六年　　日俄戰爭中日軍為新兵全面接種疫苗

　　日本人在日俄戰爭中，喪生在疾病手下的人數不及喪生俄國人手下的四分之一。這應可歸功於日本人為新兵全面接種疫苗以及詳細衛生監督可能達成的效果。

　　全世界有分量的軍隊，都把日本這一套當成標準來效法，即定期為新兵接種，以預防一系列常見的傳染病——傷寒、天花、破傷風以及其他疾病。

一九一八年　　流行性感冒全球大流行，造成 3000 萬人死亡

一九二一年　　　一種對抗肺結核局部有效的疫苗問世

　　在此之前許久,有關肺結核如何傳播的新知,以及有系統地把肺癆病人隔離到療養院中,加上撲殺帶有結核桿菌的乳牛,以及禁止隨地吐痰等簡單的防疫措醫,在防疫上發揮了極大的功能,使肺結核在西方並沒有繼續造成大流行。

肺結核疫苗發明以前,
正確的防疫措施在防疫上發揮極大的功能

一九四八年	世界衛生組織成立
一九五七年	亞洲型流行性感冒造成全球 400 萬人死亡
一九五八年	英國細菌學者亞歷山大‧佛萊明發現盤尼西林

英國細菌學者亞歷山大‧佛萊明在倫敦的實驗室裡，不小心把一種特異青黴菌污染到了葡萄球菌的培養液，四周的細胞竟神秘地死掉了。佛萊明把這個威力強力的有毒物質命名為盤尼西林。

第二次世界大戰期間盤尼西林被用來做為抗生素，拯救了成千上萬名士兵的性命。到了一九四四年，一般平民醫院也能供應這種藥物。

| 一九六八年 | 香港型流行性感冒造成 200 萬人死亡 |
| 一九八一年 | 美國疾病防制中心首度確認愛滋病 |

美國疾病防制中心首度確認先天免疫不全症，也就是俗稱的愛滋病（AIDS）。愛滋病是一種致命的疾病，是由人體免疫不全病毒（或稱 HIV）引起的。

HIV 主要藉由血液製品和精液傳染，會破壞人類的免疫系統，使它的患者容易受到機會感染和次發性癌症。

一九五一～一九五三年　　韓國爆發漢他出血熱

韓國於韓戰期間爆發漢他出血熱，造成 3000 人以上感染，400 人死亡，漢他出血熱是由漢他病毒（Hanta Virus）所引起的。

一九七六年　　非洲薩伊北方爆發伊波拉出血熱

非洲薩伊北方爆發伊波拉出血熱，感染者死亡率約 88％。伊波拉病毒（Ebola Virus）和 SARS 病毒一樣，都是易突變，更換宿主頻仍的病毒。

一九七九年　　前蘇聯細菌武器基地爆炸，引發炭疽桿菌疫情

　　前蘇聯細菌武器基地爆炸，引發炭疽桿菌的大規模疫情，造成 1000 人死亡。在九一一事件中美國民眾是聞之色變，只要一萬個炭疽桿菌加起來，就足以殺死一個人，而這些細菌加起來還沒有一個英文句點大。

一九九七年　　香港爆發禽流感

二〇〇三年　　SARS 風暴襲捲全球

　　SARS 風暴襲捲全球，強烈衝擊了人類的身心，祈願這是人類身心保健昇級的好機會，也是開啟人類與病毒和諧共生的序曲！

2 SARS 之父烏爾巴尼醫師小傳

「醫生的責任便是與患者在一起，確保他們的權利。」——烏爾巴尼（Carlo Urbani）醫師

意大利籍醫生烏爾巴尼（Carlo Urbani）原本是一位寄生蟲病專家，也是臨床病理學家，在二○○三年二月底，被越南政府邀請到河內，為一名患上「嚴重急性呼吸系統綜合症」（SARS）的越南美籍華僑看病。

當他到達河內法國醫院時，很快便認定該病的高度傳染性。在他的建議下，醫院於 3 月中已採取隔離措施。他又努力讓當地政府及「世界衛生組織」高度關注 SARS 的發展情況，說服越南衛生署官員採取防止疫症蔓延的措施。

在與 SARS 抗戰的日子裏，烏爾巴尼醫生的太太曾與他爭執。她提醒烏爾巴尼醫師，倆人還有三名四至十七歲的孩子，為何還要如此冒險？烏爾巴尼醫生卻說：

「如果我來這裏不參與醫療工作，我來這裏作甚麼呢？回答電郵、參加雞尾酒會和做文書工作嗎？」

　　烏爾巴尼醫生曾於 1999 年代表無國界醫生領取諾貝爾和平獎。會上，他在致詞時曾說：「醫生的責任便是與病患者在一起（stay close to the victims），確保他們的權利」。年輕時，烏爾巴尼醫生已走遍不少貧窮落後的地區，除了行醫之外，他也教育當地人改善環境健康。他接受世界衛生組織的工作，就是要到第三世界服務病人。

SARS 之父烏爾巴尼醫師是第一個為 SARS 防疫捐軀的醫師，
留給後人無限追思

三月底，烏爾巴尼醫生在曼谷協助診治一名患了SARS病人時，就因感到不適而入院。他知道自己這次病得不尋常，曾對同事表示感到恐懼。

　　他的病情惡化得很快，當他的太太先把三名孩子送回意大利再折返醫院時，烏爾巴尼醫生卻也經被隔離治療，她只能隔著雙層玻璃以對講機跟他說話。

　　接下來，烏爾巴尼醫生一直昏迷，只醒了一次，在跟太太說話時，還不忘遺願——把自己的肺部組織捐出來，以供科學研究。三月廿九日，烏爾巴尼醫生終於撒手人寰，享年四十六歲。

3 *SARS* 小辭典

二字部

病毒（virus）

病毒，又稱濾過性病毒，只有細菌的千分之一大小，結構也比病毒複雜許多。對於病毒感染，身體唯一的武器是由白血球製造抗體來對抗，在抗體尚未製造出來之前，身體對病毒是毫無抵抗力，這時病毒就會使人類發病。

細菌（bacteria）

生物學名詞。為單細胞生物，體形微小。絕大部分行寄生或腐生，用分裂法生殖。有些會引起疾病，如傷寒、肺結核，有些對人類有益。依其外型通常分成桿菌、球菌及螺旋菌三種。

和病毒不同的是，細菌有完整的細胞結構，但病毒只有遺傳物質（DNA 或 RNA）和簡單的包膜，稱不上是完整的細胞。人體對抗細菌是以免疫系統中的白血球及和白血球製造抗體來抵抗，如果抵擋不住，還可以靠

抗生素等藥物幫忙，直接殺死細菌、或是抑制細菌的生長。

抗體（antibody）

一種存在於血清中的特殊的蛋白分子，會辨認抗原（包括人體內在抗原與外來抗原），抗體與抗原結合之後會引發免疫反應。

插管（intubation）

插管是為了保持呼吸道暢通，吸出氣管內的痰或血液，幫助無法自行呼吸的患者進行人工或機械通氣或給予吸入性的麻醉藥等理由，從患者口腔插入氣管導管。

乾咳（dry cough）

咳嗽卻沒有痰，是 SARS 的症狀之一。

飛沫（aerosol）

由口鼻噴出的液體分泌物，可能在打噴嚏或咳嗽時噴出。

三字部

帶原者（carrier）

體內有致病性微生物，並可能傳染給他人者。帶原者可能有症狀表現，也可能無症狀；目前具有感染力的 SARS 帶原者都有症狀。

潛伏期（incubation period）

從感染到第一次出現症狀的這段期間，稱為潛伏期。

四字部

典型肺炎（typical pneumonia）

由常見的致病菌株引起的肺炎，如肺炎雙球菌、嗜血性感冒菌，較少出現肺部以外的症狀。

密切接觸（close contact）

指曾照顧 SARS 疑似或可能個案，或與其共同居住、或曾經直接接觸其呼吸道分泌物或體液（例如痰之類）者。

通報病例（reported case）

　　醫師在門診見到疑似SARS的病人就診，根據WHO的 SARS 定義檢視個案症狀，若判斷為 SARS 疑似病例，則向疾病管制局進行SARS病例通報。通報病例為疑似病例，而非確定病例。

空氣傳染（by the air）

　　「空氣傳染」是指病毒可以不需要附著在人的口鼻分泌物，而自行經由人體的呼吸而傳出。

冠狀病毒（coronavirus）

　　冠狀病毒科除了會感染人類，還會感染某些鼠類、豬、貓、犬、雞、牛等動物，但動物間不會互相傳染。人類冠狀病毒主要侵襲呼吸系統中的支氣管、鼻腔以及肺泡的纖毛細胞，還有肝炎，有2～10％的人類急性上呼吸道感染的病原是屬於冠狀病毒，常引起一般的感冒或傷風。

肋膜積水（pleural effusion）

　　在肺與體壁之間有兩層助膜把肺包住，而兩層肋膜

之間就叫做肋膜腔。正常情況下，只會有少量液體，使得肺脹縮時，兩層膜不會相互摩擦。當肋膜腔因不正常原因造成過多液體堆積時，就是肋膜積水，嚴重時可能會影響肺的擴張，甚至引起發炎。

浸潤現象（infiltration）

指肺部受到免疫細胞或是惡性腫瘤細胞的侵入。平常時候肺部的結構中只存有一定量的免疫細胞（為了要對付由呼吸道侵入的病原體），一旦病原體侵入肺部，或者是受到某一些激素的刺激，大量免疫細胞就會由血液中穿過血管進入肺的組織中並進行攻擊。

在顯微鏡下可看到肺組織中充滿發炎細胞，在X光下會看到肺一片白白的。

社區感染（community-acquired infection）

指疫情之傳播，出現本地傳染鏈（local chains of transmission），即境外移入病例，在二次傳播之後，即感染家人或醫護人員之後，再經由三次傳播，感染本地社區居民，則稱為社區感染。

疑似病例（suspected case）

SARS 的疑似病例界定如下：

1.於 2002 年 11 月 1 日之後出現：高燒高於 38℃ 及咳嗽或呼吸困難等症狀。

並且在症狀出現前十天有以下一種或一種以上的暴露史：

a.與 SARS 之疑似或可能個案密切接觸

b.曾到過最近有 SARS 地區性傳播的地區

c.居住於最近有 SARS 地區性傳播的地區

2.於 2002 年 11 月 1 日後因不明急性呼吸道疾病死亡，於其症狀發生前十日內有上項暴露史者，稱為 SARS 疑似病例。

五字部

通風系統傳染（airbome route）

「通風系統傳染」是指病毒隨病人的口鼻分泌物在咳嗽與打噴嚏時噴出，或者在排便時排出並附著排水系統的水珠上，然後被通風系統吸入（通常是因為強力風扇或強力通風），在風扇周圍或狹窄風管道處被紊統（turbulence flow）打碎，因此在空氣漂浮能力（時間與

距離）增加，再被通風系統送到大樓的其它空間。

香港淘大社區的 SARS 感染即類似此。

第三級防護（biosafety level 3）

第三級防護是針對一些具有高度傳染性，會造成嚴重甚至致命的病原體所採取的必要保護措施，特別是可經空氣感染的病源如肺結核（Tuberculosis）、Q fever病原體；通常防護措施是針對研究實驗室所規定。第三級防護之場所必須位在遠離高交通流量的地區，同時整棟建築保持密閉。實驗室則遠離其他一般工作區，室內維持負壓狀態，因為空氣為病原傳染途徑，所以必須保持空氣只會單向由走廊流進室內。

非典型肺炎（atypical pneumonia）

不是由典型菌株所以引起的肺炎，疾病特色是：漸進式發作、乾咳、呼吸短暫，有肺以外的症狀出現等，並且肺部的 X 光片有異常。

光觸媒口罩（photolytic mask）

光觸媒主要成分是TiO_2，利用觸媒接觸紫外線後電

子被激發而形成自由基，具有很強的氧化能力可將物質氧化或分解，目前常運用於環境清淨、口罩等SARS等防疫工作。

病例集中地區（affected area）

經國家衛生主管機關報告，當地有SARS二次傳播發生的地區。

負壓隔離病房（negative pressure isolation room）

具負壓空調系統的病房內，利用負壓使空氣只能進不能出，一個小時至少抽6～12次，雙層門的設計、使用高效率過濾濾材處理隔離病房排出的空氣，並加裝紫外線滅菌設備。當懷疑病原體是利用空氣傳播時，就必須用這種隔離病房隔離病人，以防止疫情擴散。

4 *SARS 相關資訊及網站*

- **SARS** 防疫問題及通報病例諮詢電話：

衛生署疾病制局

- 24 小時疫情通報專線：0800-024-582
- 免付費諮詢專線：0800-030-598（每日上午八時至晚間十時）

台北市衛生局

- 防疫專線：(02)2720-5258
- 通報專線：(02)2388-9617
- 網路通報：http://www.health.gov.tw/pop/sars/index/htm

中正國際機場、小港國際機場衛生署疾病管制局

- 2395-9825 · 0800-024-582

台北市社會局——心理諮詢專線

- 板橋中心：(02)2960-3745
- 三重中心：(02)2982-6255
- 土城中心：(02)2265-6069
- 北海岸中心：(02)2805-8530
- 新泰中心：(02)2208-0479

· 慈濟安心專線：(02)2654-6000

· 張老師基金會 SARS 心情專線：(02)2716-3104

勞委會外籍勞工 *SARS* 防疫或勞資問題

· 免付費電話

  英語：0800-885885

  泰語：0800-885995

  印尼語：0800-885958

  越南語：0800-017858

· 本國勞工諮詢電話：(02)859-028

· 外交部旅外國人急難救助聯繫中心：886-3-3982629

● SARS 相關網站

　　　　1.行政院衛生署疾病管制局 http://www.cdc/gov.tw/

　　　　2.台北市政府衛生局 http://www.health.gov.tw/pop/sars/
index/htm

　　　　3.香港衛生署非典型肺炎專頁（繁體中文）http://
www.info.gov.hk/dh/apc/htm

　　　　4.世界衛生組織 SARS 專頁（英文）http://www.who.
int/csr/sars/en/

　　　　5.美國疾病管制局 SARS 專頁（繁體中文）http://

www.cdc.gov/ncidod/sars/cht/index.htm

　6.衛生署 24 小時諮詢通報電話：http://www.cdc.gov.tw/atyp/0800-024-582，0800-030-598

　7.教育部因應 SARS 資訊網

　8.台大醫學系學生製作 SARS 網站 http://sars.webmd.idv.tw/

洪老師禪坐教室
諮詢信箱

傳真專線：2508-1733
永久信箱：台北郵政 26-34 號信箱
若有學習上疑問，請來信或傳真連繫。

洪老師禪坐教室 6

沒有敵者

作　　者　洪啓嵩

發 行 人　黃瑩娟

執行編輯　蕭婉珍

美術設計　莊心慈

插　　圖　弓　風

出 版 者　全佛文化事業有限公司

地址：台北市松江路 69 巷 10 號 5 樓

永久信箱：台北郵政 26-341 號信箱

電話：(02)2508-1731　傳眞：(02)2508-1733

郵政劃撥：19203747 全佛文化事業有限公司

E-mail：buddhall@ms7.hinet.net

http://www.buddhall.com.tw

行銷代理　紅螞蟻圖書有限公司

地址：台北市內湖區舊宗路 2 段 121 巷 28 之 32 號 4 樓

（富頂科技大樓）

電話：(02)2795-3656　傳眞：(02)2795-4100

初　　版　2003 年 7 月

定價新臺幣 280 元